高等院校**电子商务类**
"十三五"新形态规划教材 | 移动商务系列

人邮电商教育
E-Commerce

U0734390

移动电商
应用实战

张忠琼 / 主编

人民邮电出版社
北 京

图书在版编目（CIP）数据

移动电商应用实战 / 张忠琼主编. -- 北京 ：人民
邮电出版社，2020.6（2024.1重印）
高等院校电子商务类"十三五"新形态规划教材. 移
动商务系列
ISBN 978-7-115-53732-4

Ⅰ. ①移… Ⅱ. ①张… Ⅲ. ①移动电子商务－高等学
校－教材 Ⅳ. ①F713.36

中国版本图书馆CIP数据核字(2020)第052292号

内 容 提 要

随着电子商务的兴起和移动互联网技术的发展，移动电子商务逐渐走进人们的视野，开始蓬勃发展。本书通过对 10 个主流移动电子商务平台、6 大移动电子商务模式的讲解，帮助读者快速熟悉移动电子商务的实战技巧。全书共 11 章，主要内容包括认识移动电商、微商朋友圈营销、微信公众号内容运营、社群电商、今日头条运营、短视频运营、手机淘宝开店、京东商城开店、微店运营、玩转 App 电商、O2O 移动电商。

本书适合移动电子商务相关平台的创业者、管理者学习，同时也可作为高等院校相关专业或各类社会电子商务培训班的教材。

◆ 主　　编　张忠琼
　责任编辑　古显义
　责任印制　王 郁　马振武
◆ 人民邮电出版社出版发行　北京市丰台区成寿寺路 11 号
　邮编 100164　电子邮件 315@ptpress.com.cn
　网址　https://www.ptpress.com.cn
　固安县铭成印刷有限公司印刷
◆ 开本：787×1092　1/16
　印张：12.5　　　　　　　　2020 年 6 月第 1 版
　字数：278 千字　　　　　　2024 年 1 月河北第 6 次印刷

定价：39.80 元
读者服务热线：(010)81055256　印装质量热线：(010)81055316
反盗版热线：(010)81055315
广告经营许可证：京东市监广登字20170147号

前　言

随着移动互联网的迅猛发展，移动电商为人们的生活带来了很大的利益和便捷。不少互联网公司站在移动电商这个风口上，获得了高速的发展。截至 2018 年年底，我国网民数量已达到 8.29 亿，其中手机网民数量达 8.17 亿，全年新增手机网民数量 6433 万。移动电商也获得高速发展，2018 年中国网络零售市场交易额达 7.69 万亿元，其中移动端交易额达 5.74 万亿元，占比 74.6%。由此可见，移动电商已经颠覆了传统的电商模式，新的电商时代来临了。

在移动互联网时代，移动电商有哪些模式？有哪些常见的移动电商平台？微商如何才能更好地在朋友圈营销？商家利用今日头条也能赚钱吗？我在抖音平台很火，有很多粉丝，但怎么赢利呢？怎样玩转 App 电商和 O2O 电商？很多人对这些都很不了解。因此，我们编写了这本书，帮助读者更切实地了解移动电商的实战技巧。

本书具有以下特色。

（1）内容全面。本书涵盖各大主流移动电商领域，如朋友圈、微信公众号、社群电商、今日头条、抖音短视频平台、手机淘宝、京东商城、微店、App 电商、O2O 移动电商等。

（2）内容新颖。本书内容紧跟移动电商的热点，充分顺应了移动电商发展的趋势和现状，介绍了各种移动电商平台的运营方法、策略和实践。

（3）全程图解。本书全面剖析了移动电商的相关知识和实战操作，并配以图片和说明，知识点直观、清晰、详细，便于读者逐步根据图解轻松完成实战。

（4）干货分析。本书精心打造了移动电商运营的干货，包含了移动电商创业不可不读的实用资料。

本书由贵州安顺学院副教授张忠琼主编，在编写过程中得到很多同事和朋友的帮助，在此一并表示感谢！由于时间紧迫，加之作者水平有限，书中难免有疏漏、不妥之处，恳请广大读者批评指正。

编者

2020 年 3 月

目　录

目录

第 11 章 O2O 移动电商

第1章
认识移动电商

通过学习本章内容，你将学到：
- 移动电商的概念。
- 移动电商的主要特点。
- 移动电商的模式。

纵观整个电子商务市场，移动端电子商务的高速发展已经成为当前电子商务市场的大趋势。随着移动互联网时代的到来，移动电子商务也迎来了自己的暴发期。移动电子商务打破了传统电子商务的时空限制，从而实现了线上与线下交易的完美融合。

1.1 移动电商的概念

移动电子商务，简称移动电商。从狭义上来讲，移动电商是指以手机为终端，通过移动通信网络连接互联网所进行的电子商务活动。从广义上讲，移动电商是指应用移动端设备，通过移动互联网进行的电子商务活动。本书介绍的移动电商为狭义的移动电商，仅指通过手机接入移动互联网进行的电子商务活动。

截至 2018 年年底，我国网民数量达到 8.29 亿，其中手机网民数量达到 8.17 亿，全年新增手机网民 6433 万人。手机网民规模继续保持稳定增长，高于其他上网设备的使用比例，这意味着手机已然成为我国网民增长的主要构成部分。

基于移动互联网的快速扩张，网络经济取得了飞速发展。一个具有生命力的产业应该具备商业化的能力。移动互联网相比传统互联网，具有移动化、碎片化和个性化的特点，它全方位贴近用户生活各个方面，带来了互联网商业模式上的发展和改变。

据相关统计，2009 年阿里巴巴"双 11"销售额仅 0.5 亿元，而 2018 年阿里巴巴"双11"当天成交额达 2135 亿元，物流订单达 10.42 亿件，移动端交易额占比超过 90％。

1.2 移动电商的主要特点

移动电商处于飞速发展的阶段，在其具体发展过程中，逐渐体现出时间碎片化、用户体验至上、O2O 融合、社交化等特点。

▶▶▶ 1.2.1 时间碎片化

在移动电商时代，人们可以利用碎片化的时间随时随地购物。现在，人们每天都可以通过微信、微博、搜索引擎、今日头条、即时通信等多种方式获取信息。加之现在生活节奏的加快，人们更趋向于利用碎片时间来获取信息。例如，人们在吃饭时会翻看手机，坐公交车时会翻开手机。人们获取信息的途径如此简单，获得的信息如此之多，这同时也使人们养成了一种习惯：只要一个文档超过几十页，大部分人就没有耐心把它看完。于是时间碎片化、阅读碎片化、体验碎片化成为时代的主流。图 1-1 所示为人们在地铁上利用碎片化时间进行阅读。

图 1-1　人们在地铁上利用碎片化时间进行阅读

移动互联网时代，碎片化成为主流，不但传播渠道碎片化了，传播内容也碎片化了。进入智能手机时代，人们的主要资讯来源是移动互联网。移动互联网的兴起，让线上资讯和信息进一步碎片化。

▶▶▶ 1.2.2 用户体验至上

用户体验是一种用户在使用产品过程中建立起来的感受。用户体验是站在用户的角度来分析的，而不是站在商家的角度来分析的。

当今社会经济飞速发展，物质极大丰富，用户的需求也日趋差异化、个性化、多样化。因此，作为现在主流的营销模式，移动互联网营销也必须在营销推广的同时，更加注重用户体验，只有抓住了用户的需求，才能更好地推动营销。

如何强化与用户的互动、优化用户体验、打动用户的心也是移动互联网时代企业营销胜出的关键因素。基于智能手机等移动端开展的移动营销拥有传统互联网营销所不具备的即时交互、位置化等特色，这将成为体验式营销的全新方式。

移动互联网使用户能够在移动方式下获取海量的内容。当无限的内容以有限的碎片化的方式呈现在移动互联网用户面前时，用户必须做出选择，而这只能通过差异化的体验结果来区分。移动互联网用户只会选择优质的内容，选择优质的服务体验。为此，产品生产者需要不断在细节上做到最好，以此来最大限度地满足用户的体验快感。图1-2所示是商家随时随地为用户进行售后服务。

图1-2　商家随时随地为用户进行售后服务

▶▶▶ 1.2.3　O2O 融合

线上线下（Online To Offline，O2O）融合是移动电商的一个重要特点。随着移动互联网技术的发展，商家提供一种网上寻找用户，再将用户带到线下的商店中，提供线下的商品、服务的购物模式。美团网就是典型的 O2O 融合，如图1-3所示。

图1-3　O2O 融合

智能手机的出现，可以保证商家 24 小时在线，这就为随时对接线下产品提供了条件。在这种情况下，商家可以通过与用户随时随地沟通互动，不断调整营销策略，满足用户需求，对产品和服务进行精准化配置，以此解决产品过剩、用户匹配度低等问题。

1.2.4 社交化

社交化是指手机基本的通信功能满足了用户的社交和沟通需求，特别是智能手机的各种社交软件，更凸显了移动端的社交属性。如今，在移动互联网上导入社交化的元素，并将社交场景和用户进行连接，已经成为移动电商发展的趋势。图 1-4 所示为商家在微信群里做电商。

移动互联网的到来，直接推动了移动电商的发展，各种新兴的移动社交软件爆炸式增长，商家和用户之间的沟通方式越来越多，如 QQ、微信、微博、抖音等。在移动社交媒体上，用户能随时享受商家提供的服务，而商家也能随时了解用户的需求，这样的沟通方式使商家与用户之间的联系变得更加紧密。

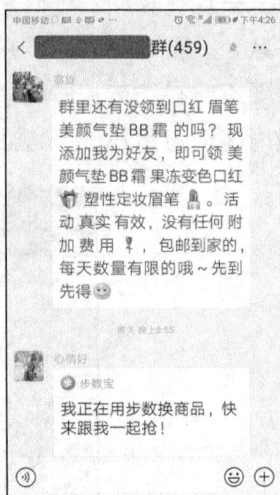

图 1-4　商家在微信群里做电商

1.2.5 内容为王

移动新媒体的不断发展，促使人们更加关注优质内容。在移动电商时代，谁能打造出更有价值的内容，谁就可能在市场中抢占先机。需要注意的是，移动电商时代赋予了"内容为王"全新的内涵，那就是普适性强、传播度广及短小精悍。只有符合了这项特质，移动电商才能打造出引发大众关注的内容，并借此实现自己的营销目的。

凭借着率先开辟的内容分发模式，今日头条成为腾讯之后的另一个流量"帝国"。一直以来，电商都是流量变现的不二之选，图 1-5 所示为今日头条内容电商。

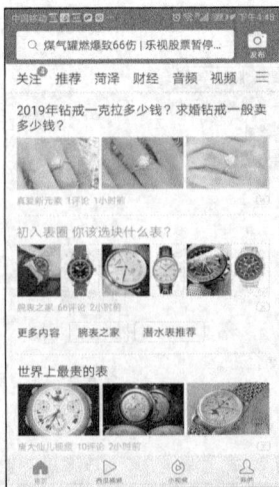

图 1-5　今日头条内容电商

▶▶▶ 1.2.6 服务个性化

服务个性化是指用户可以根据自己的需求和喜好来定制服务和信息，并根据需要灵活选择访问和支付方法，设置个性化的信息格式。

移动电商的发展带动了各类 App 的爆发式增长。目前，中国电商 App 市场无论是从市场规模还是应用数量都已位居世界领先水平。正是 App 的应用彰显了移动电商的个性化服务，每一个 App 都能为用户带来特定的个性化服务，更重要的是为用户解决实际问题。图 1-6 所示为手机淘宝 App 界面，图 1-7 所示为微店 App 界面。

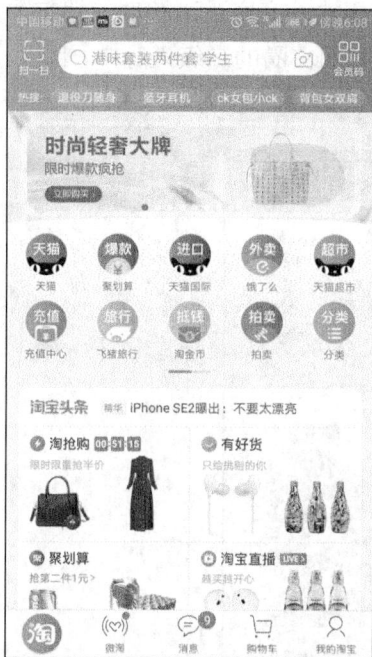

图 1-6 手机淘宝 App 界面

图 1-7 微店 App 界面

▶▶▶ 1.2.7 定位精准性

定位精准性是指商家和用户能够获取或提供移动端的位置信息，目前与定位技术相关的商务应用已经成为移动电商领域中的一个重要组成部分。

移动电商的定位精准性主要是通过电子地图来实现的。电子地图通过全球定位系统（Global Positioning System，GPS）对用户当前所在的位置进行精准定位，帮助用户快速在一个陌生环境中辨认出位置，并且还支持用户查询所在位置周围的街道、商场、楼盘等的地理位置信息。

手机电子地图正是移动电商领域的产物，用户在使用地图类 App 时，系统会自动定位用户当前位置，用户只需输入目的地，地图类 App 就能在几秒内为用户设定导航路线，无论是公交路线、驾车路线还是步行路线，地图类 App 都能为用户提供真实可靠的路线信息。

1.3 移动电商的模式

商务模式是一个企业赖以生存的方式，是为企业运营业务、创造利润的方式，简单地讲，就是企业靠什么来获取利益。下面介绍几种常见的移动电商模式。

▶▶▶ 1.3.1 微信朋友圈营销模式

微信朋友圈营销模式是较常见的一种移动电商模式。商家通过长期的朋友圈营销，积累忠实的用户，并最终将自己的信誉通过口碑传播到朋友圈的二级人脉中。图 1-8 所示为商家在微信朋友圈销售产品。

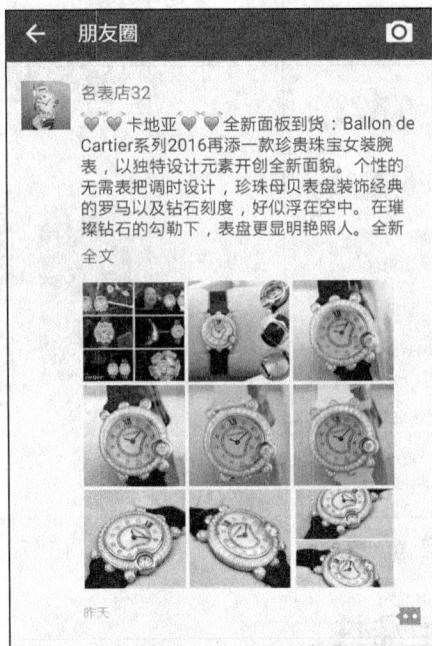

图 1-8　商家在微信朋友圈销售产品

在微信朋友圈这样的社交平台上，大多数的人都是利用碎片化时间进行阅读的，对文字不会特别敏感，一百多个字，就已经是极限了，商家写得太多，用户就会失去阅读的兴趣了。比较长的内容，建议直接转发公众号，或者分成几个部分发布，可以先发一条朋友圈，然后再自己评论自己的朋友圈，把其他部分写到评论处。

▶▶▶ 1.3.2 知识付费模式

知识付费模式比拼的不是"流量+内容"，而是"产品+服务"的思维。既然要收费，就要给出有价值的内容，否则，付费的用户只会越来越少。

当前知识付费产品具有分销和直销两种形式。分销是内容供给端在知识付费平台上售卖产品的同时，也会通过渠道分销来获取流量；直销则是商家在知识付费平台上或依赖自有渠道直接售卖产品，如自媒体、微信群等。

图1-9所示为罗辑思维下的"得到App商城"的知识付费模式。

图1-9　知识付费模式

常见的知识付费平台有以下几种。

（1）专业化垂直内容：如喜马拉雅、得到等。

（2）生活化实用内容：如千聊、荔枝微课等。

（3）以社群为基础的知识付费App：如小密圈、贵圈等。

（4）基于平台的付费模块：如知乎live、微博问答、36氪等。

（5）内容社区的打赏模块：如微信公众号、人人都是产品经理、简书等。

▶▶▶ 1.3.3　O2O门店聚客模式

在移动端软硬件技术不断发展的现在，移动互联网与现实生活的联系越加紧密，连接线上与线下的O2O移动电商，更是对人们的工作与生活产生了深远的影响。

一般来说，互联网作为线上交易的平台出现，承担线上揽客、在线结算等任务；线下店铺则可以为用户带来良好的体验服务，促使线上交易更易达成。从这个角度来说，线上商务与线下商务更像是一种互相依存、互相促进的关系。

1. 线上交易到线下消费体验

这种方式十分常见，如线上订购电影票线下观看，线上预订酒店线下入住，以及线上订餐门店线下消费等，都是通过线上完成交易，再到线下享受相关体验服务。图1-10所示为线上预订酒店线下消费模式。

图 1-10　线上预订酒店线下消费模式

2. 线下营销到线上交易

线下营销到线上交易模式的代表是风靡全国的二维码营销。在一些商家开展的二维码营销活动中，用户只要扫描线下二维码并关注公众号，就可以得到赠品。图 1-11 所示为二维码营销。

图 1-11　二维码营销

3. 线上交易到线下消费体验再到线上消费

线上交易到线下消费体验再到线上消费模式目前来说并不是很多，但却代表了一种O2O的重要发展方向。例如，在某些美容论坛上，有时会开展一些线上的化妆品营销活动，吸引用户去实体店进行免费的线下服务体验；如果用户对于体验效果感到满意，就可以通过线上完成交易。这种模式更加符合用户对于体验和服务的相关需求，是一种具有远大前景的模式。

▶▶▶ 1.3.4 网上开店模式

网上开店的成本低，而且省去了很多环节，因此网上店铺的商品价格一般比较低。另外网店的销售范围广，数十亿的网民都是潜在用户，受地域限制比较小。

网上开店平台的选择非常重要，但商家在选择网上商店平台时往往存在一定的决策风险。尤其是初次在网上开店，由于经验不足以及对网店平台了解较少而带有很大的盲目性。网上开店需要一个好的平台，一般是通过大型网站注册会员进行商品售卖，商家通过注册成为网站会员，然后依靠网站开设店铺。在人气高的网站上注册并建立网店是目前较流行的开店方式。图 1-12 所示为网上店铺界面。

图 1-12　网上店铺界面

▶▶▶ 1.3.5 广告收费模式

互联网基础的盈利模式是先积累大量的流量，只有拥有了流量，才能拥有商业交易的资本。所谓流量，就是变成一个个能抵达用户的渠道，拥有一批用户且有稳定阅读量的自媒体就是一个流量入口，用户越精准，广告价值越大。

1. 商家软文广告

常说的广告有两种：广告硬植入和广告软植入，即硬广告和软广告。

硬广告是直接插入广告，读者点击进去就知道是打广告，容易引起读者的反感，对公众号自身来说不利于用户的留存，也不利于广告的投放效果。

软广告是用情景带入悄无声息地做广告，读者潜移默化地受到广告的影响，赞同广告带来的宣传效果，并乐于接受。图 1-13 所示为软广告。

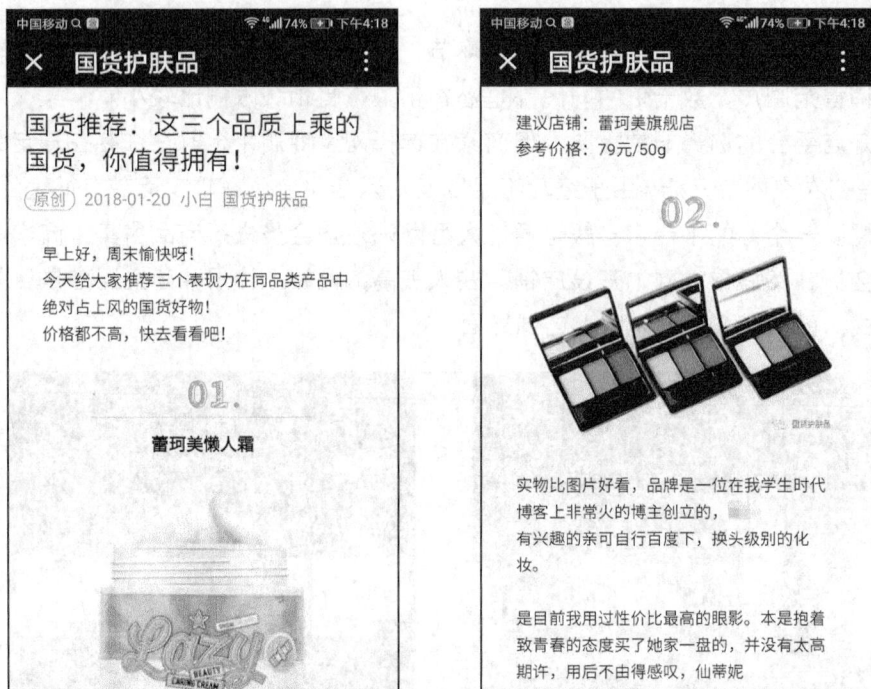

图 1-13　软广告

2. 文章底部广告

文章底部广告是指在文章底部插入广告图片或者公众号互推的广告图片链接。内容很小，对读者造成干扰的影响不大。

3. 菜单入口广告

菜单入口广告是指在菜单栏中进行广告宣传，通过菜单栏进行商家的页面转跳，对读者没有任何干扰，用户自发点击。

▶▶▶ 1.3.6　微店模式

现在很多商家都意识到微店存在着商机。很多商家都有自己的微店。开微店十分方便快捷，只需要一个微信号、一个手机号、一张银行卡即可开微店，微店是基于微信平台的网上商店，商家可以充分利用微信朋友圈的资源，进行产品的营销。图 1-14 所示为微店界面。

打开互联网搜索引擎，输入关键词"微店"进行查找，与"微"字有关的商业平台不胜枚举。微店营销已成为一种新兴的商品经营模式。微店是未来电子商务发展的重要途径。无论是传统实体店、网店、中小卖家、上班者，还是个人，都可以开设微店。微店主要有以下几个优势。

1. 开店成本低

传统电商保证金高达数万元，年服务费也要 1 万多元，目前微店的入驻费用远远低于传统电商的费用。

图 1-14　微店界面

2. 先进的商业模式

微店独特的商业模式，引起了大批网民的参与。微店的快速增长，得益于其独特先进的商业模式。微店把传统电商从烦琐的网络推广中解放出来，使传统商家省去了寻找货源之苦，是互联网分工进一步细化的体现。

3. 数据统计让一切尽在掌握之中

微店提供了详尽的用户数据和店铺流量数据，让卖家通过数据来观察自己店铺的生意，让其有机会发现真正的潜力或者网店存在的问题。

4. 拥有简单易用的商品管理功能

微店提供了强大的商品管理功能，卖家可以随时随地对商品进行分类、下架、置顶热门等操作管理。

5. 裂变式传播方式

一键分享到朋友圈。微店商家发布一条消息，其朋友圈的所有朋友都能同时看到，其朋友再一键转发给自己的朋友圈，其传播速度和传播广度远高于之前其他网购平台。

课后习题

1. 简述移动电商的特点。
2. 简述移动电商的模式，并分别举例说明。

第2章
微商朋友圈营销

> **通过学习本章内容，你将学到：**
> - 微商的基本概念及现状。
> - 微商精准加粉的方法。
> - 微信朋友圈的营销定位及技巧。

现在越来越多的用户使用微信，通过微信的朋友圈功能用户既可以发布图片、文字和视频，同时也可以看到好友发布的文字、图片和视频。想要在朋友圈营销，打造一个高质量的朋友圈是很重要的。

2.1 认识微商

微商是基于移动互联网的空间，借助社交软件为工具，以人为中心，社交为纽带的新商业模式。其本质就是基于沟通而逐渐建立起强关系，从而建立信任。

▶▶▶ 2.1.1 什么是微商

微商是移动网络上的一种商品交易形式，与其他交易模式不同之处在于，微商首先是建立在信任基础上的。

微商不同于传统电商的地方在于，微商是自发形成的商业模式。微商的分散性使得在微商圈子中不太可能出现新的电商巨头，也就是说，这种模式只适合个人或者中小企业和商家。

微商的出现，为个体经营者提供了更多施展的机会，可以说，微商在某种程度上解放了普通人的思维和生活方式。

▶▶▶ 2.1.2 微商的现状

随着移动电商市场的飞速发展和微商生态圈的不断扩大，微商的商户规模和市场规模保持着较快的增长态势。目前大部分微商经营规模小、运营时间短，数据表明仅有 10% 左右的微商有可观的收入。

随着移动互联网的快速发展，很多传统品牌企业开始入驻微商平台。因为大的品牌企业都是有线下实体店的，具有线下优势和品牌优势，这是小品牌不具备的。利用微商的宣传渠道拓展市场，包括家用电器、服装鞋帽、家纺、食品在内的多个领域的传统企业纷纷入驻微商，如蒙牛、娃哈哈、格力空调、罗莱家纺、苏宁等。

根据有关数据统计，中小微商的商品销量排行中，美妆、生活及食品这三大类产品占据了市场前三。美妆类产品以面膜为主，女性为主要消费群体。美妆、生活及食品这类产品是必需消费品，因其需求价格弹性低、品类丰富、异质性大且价格相对低，这类产品的购买决定时间短、重复购买率高，成为微商在移动端购物的突破口。

2.2　微商精准增加用户的方法

微商运营过程中如何吸引更多的用户？下面就来介绍一些常用的增加用户的方法，微商商家可以根据自己的情况选择适合的方法。

▶▶▶ 2.2.1　丰富内容吸引用户

只有有效的内容对应真实的用户，才能收到相应的反馈，为用户提供他们感兴趣的话题，用户才会有参与互动的可能。推送的内容一定要有主题性、策略性，一定要进行系统性的推送。

对于一些商家而言，商家利用微信除了推送一些实用的优惠信息外，还可以在推送的内容中加入一些品牌文化、产品背后的故事等内容，如图 2-1 所示。在这些小故事中置入优惠信息，用户既能更进一步了解品牌和产品，又能得到优惠的信息。

图 2-1　在推送的内容中加入产品背后的故事

▶▶▶ 2.2.2 通过手机通讯录导入用户

新手要想做好微商，第一步就是吸引用户。微信作为微商推广的重要渠道，如何快速增加用户，增加微信好友呢？我们可以通过匹配添加通讯录中的好友，具体操作步骤如下。

（1）打开微信，点击顶部的"+"按钮，在弹出菜单中选择"添加朋友"，如图 2-2 所示。

（2）进入"添加朋友"界面，点击"手机联系人"，如图 2-3 所示。

图 2-2　选择"添加朋友"　　　　　图 2-3　点击"手机联系人"

（3）打开"查看手机通讯录"界面，选择一个好友后，点击好友名称右侧的"添加"按钮，如图 2-4 所示。

（4）打开"验证申请"界面，输入名字，点击右上角的"发送"按钮，如图 2-5 所示。

图 2-4　"查看手机通讯录"界面　　　图 2-5　"验证申请"界面

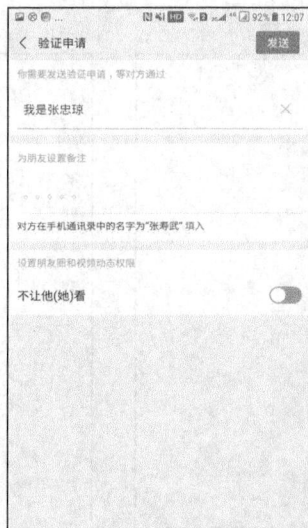

（5）返回"通讯录朋友"界面，只要好友通过验证，添加好友即成功，如图 2-6 所示。

图 2-6　等待验证

▶▶▶ 2.2.3　微信二维码宣传应用

二维码是一种信息的表现形式，是用某种特定的几何图形，按一定的规律在黑白相间的图形记录数据符号信息。该图案不仅包含用户的个人信息，而且还是商家自我推广的重要渠道。

微信用户可以制作个人账户的微信二维码，具体操作步骤如下。

（1）打开微信，点击底部的"我"选项，如图 2-7 所示。点击自己的头像，进入"个人信息"设置界面，如图 2-8 所示。

（2）点击"二维码名片"，进入"二维码名片"界面，即可生成带有个人信息的二维码图案，如图 2-9 所示。

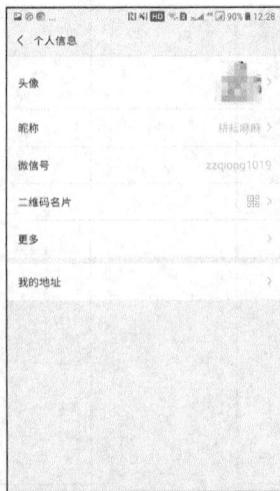

图 2-7　点击"我"选项　　图 2-8　"个人信息"设置界面　　图 2-9　生成二维码

为给用户打造全新的购物体验，罗莱家纺早在 2013 年下半年就已开始探索线上和线下的"触合点"，一直在直营店测试二维码营销模式的可行性。用户只需通过微信扫描产品的"二维码"即可足不出户掌握第一手产品优惠信息及罗莱家纺的活动信息，满足用户对产品信息获取的需求。图 2-10 所示为用户扫描罗莱家纺二维码参加的"罗莱年中庆之红包大战"，不仅可以领取各种红包，还可以参加各种优惠活动。

图 2-10　扫描二维码参加活动

▶▶▶ 2.2.4　微信好友互推

基本上每个微信用户都有若干个微信好友，如何才能添加更多的微信好友呢？微信好友的数据互推是较快的裂变方法。

互推是建立在微信用户的用户达到一定数量的基础上的。只有达到一定的数量，互推才有效果，其他用户也才愿意互推。用户太少就没有互推的意义了，效果也不大。

常见的互推方法有以下几种。

1. 文末互推

文末互推是大部分互推采用的方式，在文章末尾互相推荐公众号，用户在阅读完内容之后，会看到这些推荐，长按识别二维码就可以去关注，这种方式的效果较好，图 2-11 所示为文末微信号互推。

2. 图文合作互推

以图文方式直接互推，效果最好，直接呈现在用户眼中，但是对用户的影响比较大，用户关注公众号的目的是因为其发布的内容，偶尔发一条广告，或者互推没有关系，但如果长期发，势必影响用户体验效果，甚至可能导致用户取消关注。

图 2-11　文末微信号互推

3. 阅读原文互推

阅读原文互推就是在素材编辑时加上原文链接,把原文链接换成互推对象的链接即可。

4. 被关注时自动发消息互推

当有用户关注公众号时,其会自动发出一条消息给用户。这种互推的效果不好,不提倡采用这种方式。

小技巧

我们应该和谁进行互推呢?

(1)微信好友。这里所说的微信好友,不仅仅局限于生活中的好友,因为生活中的好友资源是相对有限的,而微信好友是不断裂变的循环。

(2)某一方面的专家。这一类群体在推荐时除了列举相关数据外,更多的是帮助你建立高度与信任,有了他们的推荐,你可以更容易地获得他人的推荐。最简单的办法:成为他们的学生、用户等。

(3)经营其他类目的微商。同为微商,大多都有数据需求,又因为做的是不同类目,并不构成竞争,所以存在互推的基础。

(4)微信公众平台。微信公众平台也是互换数据资源的非常好的平台。

微信好友互推是一种互利方式。为了增加用户,商家可以考虑互推,但是用户的增加最好还是自然增加,用优秀的内容去吸引用户,这才是增加用户的最高境界。

▶▶▶ 2.2.5　微信活动引流

微信活动是微信营销吸引人关注的一种营销方式,这是用户增长速度提升较快的一种模式,可以提高用户的活跃度。

在微商营销中，活动制订是影响用户增量和商家业绩的核心要素。在设计活动时，商家需要根据自身的特点来制订方案。图 2-12 和图 2-13 所示为微信活动引流的两种方式。

图 2-12　积分兑换狂欢节活动

图 2-13　兑换奖品

1. 精准广告送赠品

这个方法的重点在于"精准"和"赠品"。根据营销需求，用户可以分为核心用户、普通用户、意向用户等不同等级。

2. 活动信息微信引流

有一些人认为随便搞个策划、发布个活动，这个活动就会自动传播起来，这种认知是片面的。一个成功的活动除了基本的创意策划之外，更需要一批忠诚度高的用户。

下面以玫莉蔻秒杀活动为例进行说明，如图 2-14～图 2-16 所示。

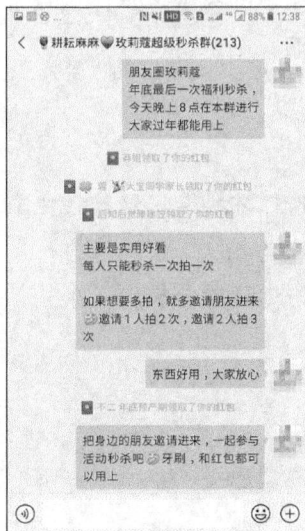

图 2-14　秒杀活动 1

图 2-15　秒杀活动 2

图 2-16　秒杀活动 3

活动目的：快到春节了，也到了买年货送礼物的高峰期。为了帮助微商商家更好地引流销售，同时也作为节日福利，玫莉蔻策划了两个秒杀活动，秒杀产品都是春节必备的物品，真正帮助微商商家引流增粉，促进销售。

活动时间：1月10日—1月11日

活动内容如下。

秒杀活动一：玫莉蔻定制牙刷包邮秒杀，1.8元/支，5支起售，每人限购5支。牙刷限量10万。

秒杀活动二：玫莉蔻定制新年红包包邮秒杀，xx元/个，xx个起售，每人限购xx个，两款红包随机发货。红包限量60万。

红包价格和个数于1月11号上午公布，绝对的惊喜价。

秒杀方式如下。

● 代理创建活动秒杀群，邀请意向者进群，并让意向者再邀请其他人进群。

群满100人发牙刷秒杀链接，群满200人发红包秒杀链接。

（公司会出一张海报，代理可将秒杀群的二维码放图片上发朋友圈，意向者直接扫码进群。）

● 链接统一晚上20点发送。

10日晚20点发牙刷秒杀链接，11日晚20点发红包秒杀链接。

3. 网络信息微信引流

我们还可以通过发布网络信息来进行微信引流。发布网络信息的地方有很多，包括贴吧、豆瓣、公众号、微博、行业论坛、微信导航等。

2.3 微信朋友圈的定位及营销技巧

现在微信朋友圈营销的产品同质化现象严重，而同一产品竞争的商家又多，正是微商以创意取胜的时候，如果想要做得久，用心打造朋友圈是必须的。

▶▶▶ 2.3.1 朋友圈的定位

做微商首先必须清楚自己的定位。朋友圈定位精准，用户群体才精准，这样转化率才高，用户不仅在于多，而且在于精准。

做微商之前一定要好好分析你的朋友圈，可以从以下几个方面开展分析。

（1）朋友圈有多少人？多少是亲朋好友？

（2）用户的来源渠道、性别以及购买力如何？

（3）朋友圈的朋友中有多少人愿意为你发布的内容转发推广？

（4）亲友中，什么产品是热销产品？价格定位多少比较容易卖出去？

（5）朋友圈互动情况如何？

分析完这些以后，我们才可以决定要不要在朋友圈营销，选择什么样的产品以及产品售价。

小逸子原是旅行社的导游，经常带团去国外旅游，很多游客都是高级白领，且以女性居多，微信朋友圈累积了大量的用户。为了谋求更好地发展，小逸子做起了微商，在朋友圈卖海外代购的产品，经过不到半年的经营，取得了很好的销售成绩。

如果商家目前的朋友圈不适合做现在的产品，那么就需要转换思维，寻找定向客户，不断地去引流，吸引目标用户。

▶▶▶ 2.3.2 为新朋友备注改名

无论是通过微信号加好友、扫描二维码加好友，还是通讯录加好友，加完好友后做的第一件事，应该是为新朋友备注信息。

如果没有这一步，过一段时间就会发现通讯录里全是"熟悉的陌生人"。因此，添加好友后，马上设置对应的备注信息，这是一个很好的习惯。

合理的备注格式建议设置为姓名+地域+行业+其他关键词。例如，某微信好友的备注可以设置为××山东女装一级。这样做的好处是，可以方便地通过搜索找到某一类人。当然，也可以在备注最后加上公司的名称，甚至对方的特征信息。

微信中为新朋友备注改名的具体操作步骤如下。

（1）打开微信，进入微信的主界面，点击"通讯录"，在"通讯录"界面找到要修改名称的人，然后点击这个人的头像，如图2-17所示。

（2）进入好友的资料，点击界面右上角的"三个点"图标，如图2-18所示。

图 2-17　打开微信主界面　　　　图 2-18　点击界面右上角的"三个点"图标

（3）在打开的下拉菜单中选择"设置备注及标签"选项，如图 2-19 所示。

（4）进入"备注信息"界面，在"备注名"文本框中输入想要备注的信息，然后点击"完成"按钮，如图 2-20 所示。

图 2-19　选择"设置备注及标签"选项　　　图 2-20　输入想要备注的信息

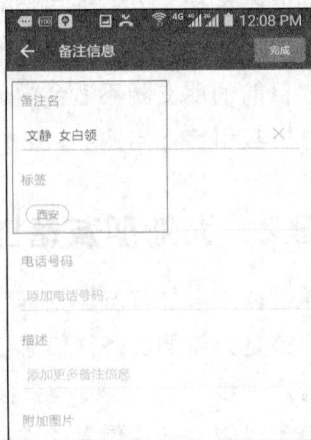

在"备注信息"界面还有"标签"，为朋友打上标签进行分类，如"亲戚""同学""微商"，这样做一方面是方便管理微信好友，另一方面是在发朋友圈或群发信息时可以做到更精准和有效。

▶▶▶ 2.3.3　朋友圈的营销技巧

在朋友圈营销需要哪些技巧呢？

1.　建立关系的技巧

（1）要让别人对你印象深刻，可以主动出现在别人的面前。首先主动去点赞和评论微信好友朋友圈的动态，有时间可以去打招呼，发一些有趣味、容易让人记住的话。

（2）每天筛选 20 个微信好友用心阅读并回复相应的话题。

（3）要让别人关注自己，一定要让别人觉得自己的存在跟对方有关系，让对方有存在感。在微信朋友圈发动态的时候可以多发布一些互动性的动态，多问微信好友问题，发一些跟微信好友相关的话题。

（4）在讨论中挖掘微信好友的需求，并主动为其提供解决方法。

2.　内容编辑的技巧

（1）微信朋友圈营销的重点是品牌产品的塑造，品牌产品的专业展示是营销的基础，所以每天发一条"专业知识"是很有必要的。需要注意的是，尽量把内容做成连续性的，吸引用户关注。

（2）商家要及时分享用户现场体验的评价。这不仅让更多的用户通过网络交互得到了自己想要的创新产品，同时也让用户通过网络将自己使用产品的体验和评价分享给更多的用户。

（3）偶尔分享与自己生活有关的话题。

（4）要懂得在朋友圈中加入一点惊喜，适当可以邀请好友转发。

（5）分享内容要做到图文并茂，图片必须符合文字的内容。

（6）链接分享建议要加上自己的引导式总结内容。

（7）如果字数太多，朋友圈动态只会显示一条，然后剩下内容的就隐藏起来了。要想让用户能完整地读完自己的动态，理解动态的含义，最好是能让动态全部显示出来。而要让微信好友觉得内容有趣，或者引起共鸣，那么字数也不能太少，建议是 80～110 个字较为合适。

（8）如果用户的朋友多，那么每天的朋友圈动态可能比较多，那么怎样才能吸引用户的眼球，看到并注意自己的动态呢？表情就能解决这个问题，因为表情可以让朋友圈动态更生动化、色彩化。

3．分享推送的技巧

（1）分享话题最好的时间段是晚上 8:00—12:00，抓住朋友的碎片化时间。

（2）链接分享最好的时间是晚上 12:00 之后，这样的话，第二天早上微信好友朋友圈的大部分内容都是你发布的。

（3）用户案例与故事一定要即时分享，这样才能够在第一时间借力用户形成营销裂变。

（4）虽然朋友圈的信息不会直接推送给用户，但是仍然要控制发布朋友圈的次数，以免引起反感。每天发布的条数尽量控制在 5 条左右，并且每条之间要间隔一段时间，让微信好友在看朋友圈的时候都会看到，然后吸引他们点进来查看全部消息。

▶▶▶ 2.3.4　朋友圈互动的技巧

朋友圈是微商的"主力"，微信好友互动参与少，如何才能让微信好友了解产品呢？互动的目的是提升用户的信任度，信任越高，越容易成交。朋友圈的互动包括点赞、评论、回复、转发等方式。

下面介绍朋友圈互动的技巧。

1．常规互动

（1）及时回答微信好友的回复。

（2）主动为微信好友发布的文章点赞、评论，如图 2-21 所示。

（3）主动参与微信好友发起的活动。图 2-22 所示为朋友圈微信好友发起的活动。

（4）重要的节日不要忘记送上祝福。

2．游戏互动

（1）营销互动游戏：如拆礼盒、一站到底、鹊桥相会等营销互动游戏。

（2）小游戏：商家可以多关注小游戏，有好玩的小游戏第一时间分享至朋友圈，晒晒自己的战绩，与微信好友互动。

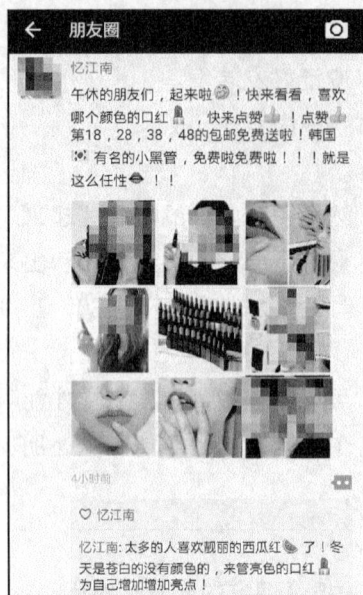

图 2-21　主动为微信好友发布的文章点赞

图 2-22　朋友圈微信好友发起的活动

（3）自由发挥类：例如，有条件的微商还可以开展有奖竞猜，猜中就送小礼品，或者举办抽奖活动，如图 2-23 所示。

3．鼓励用户分享

微商还可以通过一定的激励方式，鼓励用户分享转发。图 2-24 所示为用户分享的内容，这样可以让更多的朋友看到自己的产品和使用效果。

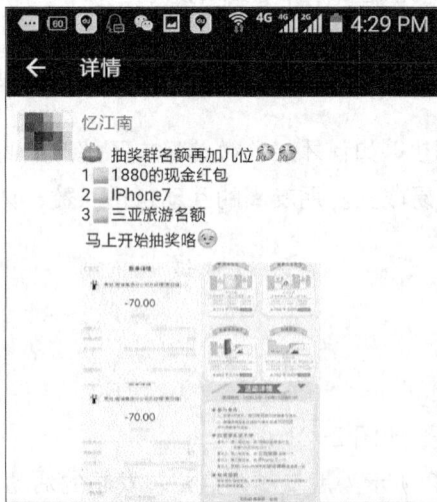

图 2-23　抽奖活动

图 2-24　鼓励用户分享

4．采用饥饿营销

用户的消费习惯是买涨不买跌，商家可以用饥饿营销的方式吸引用户抢购。饥饿营销在微信营销中以"商品抢购"的形式出现，在朋友圈中引入"限量限时"抢购以此来提升用户的参与度。另外，也可以在微信朋友圈中进行限时抢红包免费赠送活动，如图 2-25

所示。这些营销方式的引入对微信朋友圈用户的心理会产生一定的影响，从而促使他们参与到朋友圈的互动中。

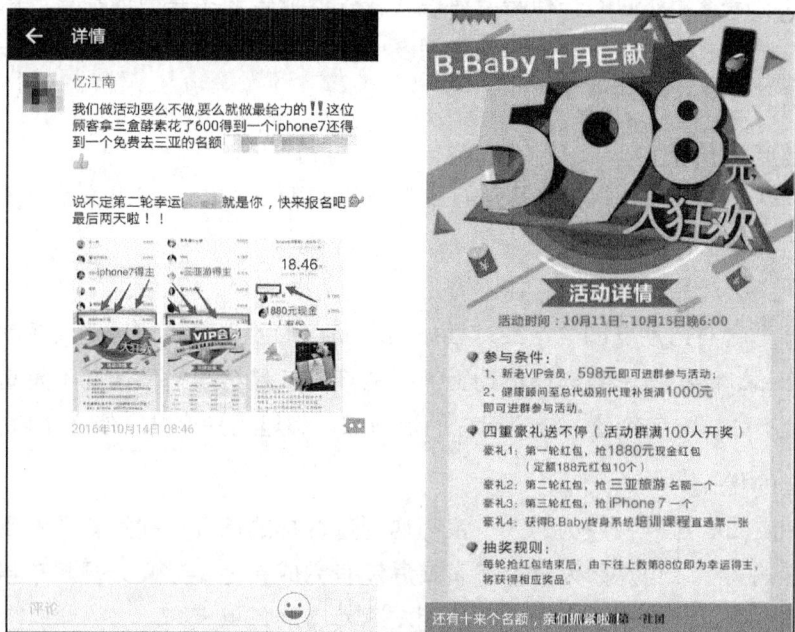

图 2-25　采用饥饿营销

5. 引出讨论话题

要实现商品成交的结果，首先要解决流量问题，因此比较好的办法是商家先设计一个话题，让微信好友讨论，引起兴趣。

例如，做护肤类产品的微商在秋冬季的时候，可以发一条朋友圈，设计一个话题"秋冬季补水为什么会过敏？"有了话题后，一定要发动尽可能多的人参与到讨论中来，只有用户参与进来，才有可能促成商品成交。

6. 培育亲密关系

微商经营其实是一种社群商业模式，其更多在于通过微商和用户的熟人关系进行商业交易，熟人间的亲密关系是微商持续经营的基础。

培育亲密关系的主要方法如下。

（1）培育消费达人、用户代言人等关键意见领袖，可以让其参与到新品上市测试、线下活动内测等运作中，一方面可以提升用户黏性，另一方面可以强化微商与用户的亲密关系。

（2）鼓励用户积极参与反馈，在产品包装中设置相关二维码，在朋友圈中进行必要的调研，积极听取用户的意见和建议，以便更好地改进微商产品及提供优质微商服务。

7. 发布生活中的事情

微商如果能够加以利用生活中的点滴创意和琐碎事情、事物，在合适的时间和合适的地点发布微信朋友圈，也能够为微信朋友圈引来流量，从而提升微信朋友圈的活跃度。

▶▶▶ 2.3.5 朋友圈商品成交的技巧

微商是目前比较受欢迎的一种新商业模式，其商业表现多是微商在自己的"朋友圈"或"熟人圈"发布相关的商品信息，依靠朋友间的相关信任完成商品交易、服务提供等。朋友圈商品成交有哪些技巧呢？

1. 突出产品价值

对于互联网经济而言，打造"极致产品"永远是第一位的，突出产品价值对于微商来说很重要，如图 2-26 所示。

在朋友圈突出产品价值主要有如下方法。

（1）选择适合自己朋友圈的产品，根据朋友圈用户的消费习惯、购买频率等选择"适销对路"的产品，而不是单纯选择市场上流行的产品，是精准的发送而不是盲目推送。

（2）突出产品的特色价值，结合用户的消费点，彰显用户个性，使产品价值更加明确。

2. 适当的提醒

在微信朋友圈有过购物经历的人一定都遇到过这样的情况：在朋友圈看到了比较喜欢的产品，决定购买了，但是因为临时有事最后没有完成支付，过几天想起来再去翻找朋友圈的时候结果忘记是谁发布的，因为微信朋友圈发布的信息太多。

因此适当的提醒就变得非常重要，提醒也是对其他用户的一种潜在影响，不断地强化用户购买欲望。例如"本轮代购今天开始发货，现在我开始整理地址，请大家配合我，把自己的订单信息给我，格式如下"，如图 2-27 所示。

图 2-26　突出产品价值

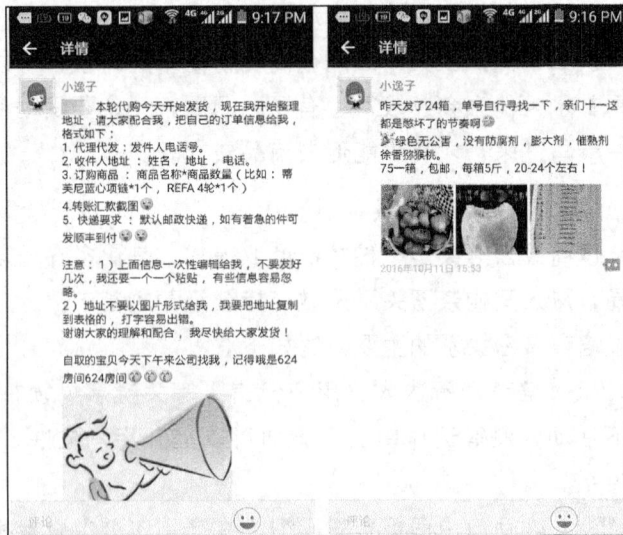

图 2-27　适当的提醒

3. 消费体验

创造优质的体验感是每一个微商深度运作的重中之重，更是每一个微商需要重点关注的方面。商家需要更多关注到用户的消费体验，让用户在购买产品的同时，享受到优质而全方位的消费体验。

4. 消费提醒

目前微商经营的产品大多是重复购买率高的产品，聪明的微商会进行必要的消费提醒。消费提醒主要有如下方法。

（1）对用户进行必要的消费周期预测，针对老用户进行必要的微信提醒，尽量以消费技巧、使用指南等形式发送，避免用户的反感。

（2）新产品上市时针对购买金额大、购买频率高的用户进行新品消费推送，吸引其积极参与购买，可以给予购买折扣或积分奖励等。

（3）对用户进行适当的活动提醒，如图2-28所示。

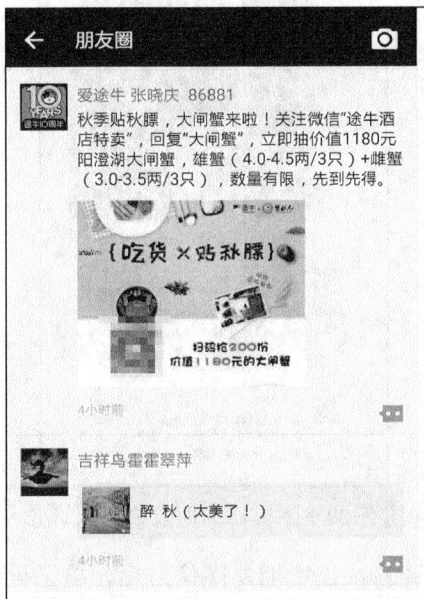

图2-28　活动提醒

5. 服务营销

只有优质的服务才能提升产品的附加值，微商做的是价值而不只是价格，所以微商要将更多的精力放在服务上，微商不仅要给已经购买的老用户提供服务，也要给没有购买的潜在用户提供服务。服务营销的内容一般包括产品说明、使用方法、注意事项等。

▶▶▶ 2.3.6　不要只点赞，要多评论

很多微商发布的朋友圈既没人评论，也几乎没人点赞，以致最后失去了发朋友圈的动力。因此，在微信朋友圈营销过程中提高与好友的互动频率，让所有的好友都参与进来，一起互动。微信好友和你互动的前提是什么？很关键的一点就是自己有没有和微信好友互动过？这一点很重要。就像日常的朋友交往，如果你从来都不与别人打招呼，也不主动联系别人，对于别人的主动联系也爱理不理，相信最后没有几个朋友愿意和你来往。

朋友圈里所有看得见的评论，都是默认展开的。也就是说，在朋友圈发布一条比较长的内容时，它会自动折叠起来，但是当有人发表评论时，无论它有多长，都会全部展示在

好友面前。因此，我们可以先发布一条朋友圈，然后再自己在刚才发布的朋友圈下发表评论，把其他部分补充进去。也可以把图文消息分开发，先发图片，然后用评论功能发布文字信息，如图 2-29 所示。

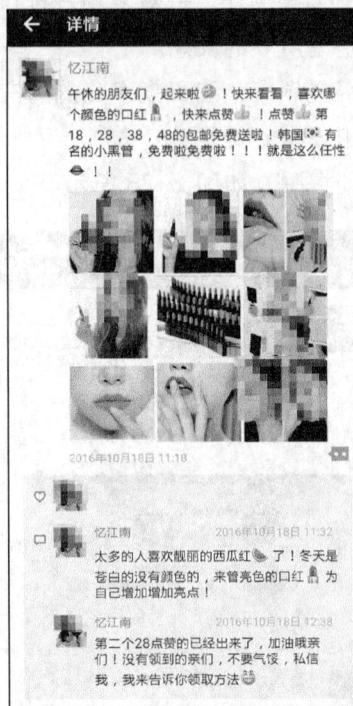

图 2-29 为自己的朋友圈发表评论

还有一点，当已经有人评论或点赞朋友圈信息后，自己再评论时，所有参与评论或点赞的人都会收到新评论的提示。这是一个隐蔽的定向营销，这一点也要善于利用。

▶▶▶ 2.3.7 朋友圈添加广告技巧

在朋友圈积极努力地做营销固然很好，但是一定要有一个度，千万不要影响用户体验。下面介绍一些常用的广告植入方法。

1. 自己试用

一个产品好与坏，第一说服力就是商家是否使用，为了打消用户的某些顾虑，可以发表自己使用的照片和体会，也能让微信好友感觉更亲切，如图 2-30 所示。

2. 用户评价

靠商家自己的宣传，产品的转化率会比较低，但是如果有其他人说产品好，往往更容易得到用户的认可，如用户对产品的评论、聊天记录等。图 2-31 所示为用户评价。

3. 品牌文章分享

一个产品要有说服力，品牌形象一定要做好，所以适当的宣传品牌还是有必要的，尤其是对于要打造新品牌的商家来说。

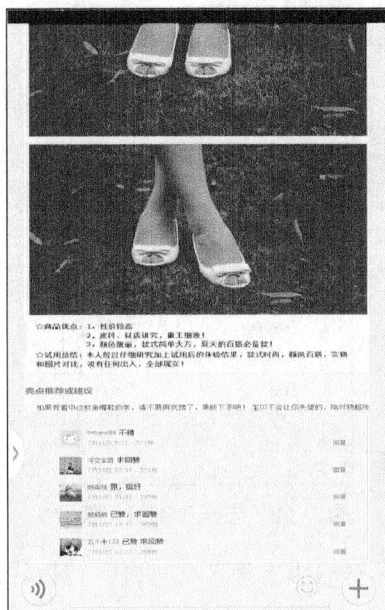

图 2-30　自己试用

图 2-31　用户评价

4．产品介绍

直接对一个产品进行描述，效果可能会差一些，但是对于一些需要图片展示的产品来说，却是必不可少的，如被子、十字绣、衣服等。

5．工作包裹照片

要证明推荐的产品好，销量高也是重要的证明方法之一。要体现出销量高，商家可以从平时工作细节入手，如展示大量包裹单、同事合影等，如图 2-32 所示。

图 2-32　工作包裹照片

▶▶▶ 2.3.8　巧用分组打造朋友圈

长久以来，微商都有一个刻骨铭心的感受：用户越来越多，朋友越来越少。因为微商不断在朋友圈发信息，结果被很多朋友拉黑或者屏蔽，所以对微信通讯录进行有效分组势在必行，这样在发送信息的时候，就可以比较明确地选择不同的人群。只要把朋友圈分好组，发信息的时候只选择某一个组，其他人就看不到了，也就不会被干扰了，具体操作如下。

（1）首先在朋友圈发布产品广告，选择"谁可以看"选项，如图 2-33 所示。

（2）打开"谁可以看"界面，选择"部分可见"单选按钮，如图 2-34 所示。

图 2-33 选择"谁可以看"

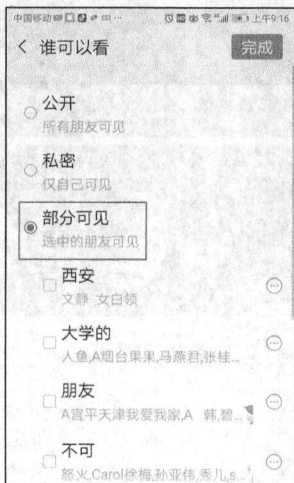

图 2-34 选择"部分可见"

（3）此时可以看到"微商代理"分组标签，该分组中有很多代理商，可以在发布一些素材和资源的时候，对其进行单独提醒，如图 2-35 所示。

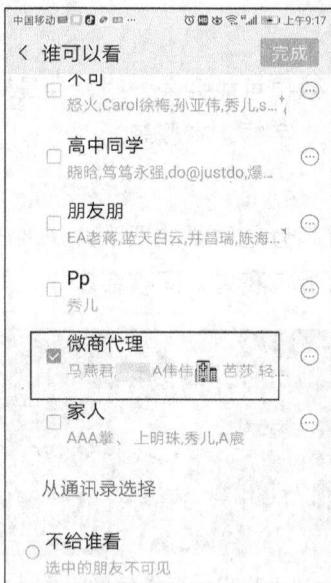

图 2-35 选择"微商代理"分组

课后习题

1．简述你对微商的理解。

2．微商精准加粉的具体方法有哪些？

3．在微信朋友圈营销过程中，应注意哪些方面？

第3章
微信公众号内容运营

通过学习本章内容，你将学到：
- 微信公众号的商业价值。
- 微信公众号的注册与设置流程。
- 微信公众号的设计技巧。
- 微信公众号的内容策划。
- 微信公众号的推广技巧。

微信公众号要想变现，可以通过链接广告和链接电商两种方法来实现。相比链接广告，链接电商会更适合公众号变现。公众号结合电商会赋予产品更多的特殊性，使公众号所推广的产品出现特色化、专利化，而且产品复购率高。

3.1 微信公众号的商业价值

了解微信公众号的商业价值，然后结合用户的需求确定提供怎样的服务。微信公众号的商业价值主要有以下几方面。

1. 移动营销平台

（1）微信公众号可作为移动营销平台引导销售，及时快捷地将产品或服务信息推送给用户，促成交易，如图 3-1 所示。

（2）宣传品牌形象，通过微信公众号，用户不仅可以接受品牌信息，还可参与互动活动，从而促进品牌传播。

（3）实现促销活动的最大曝光，能及时有效地把企业的促销活动告知用户，吸引用户参与，降低企业营销成本。图 3-2 所示为雅戈尔通过微信公众号及时把促销打折信息告知用户。

图 3-1　将产品信息推送给用户

图 3-2 及时把促销打折信息告知用户

（4）实现 O2O 营销的闭环，线上与线下营销的互通是必然趋势，而微信为二者的结合提供了更加便利的通道，图 3-3 所示为雅戈尔 O2O 微商城购物。

图 3-3 雅戈尔 O2O 微商城购物

2. 用户调研建议的平台

（1）移动电商时代的用户体验将是项目成功的核心竞争力。例如，售前体验、售后体验等各个环节，用户都可以通过微信进行实时的反馈，图 3-4 所示为服务体验评价。

（2）产品调研是电商运营过程中非常重要的环节。以往通过第三方公司发放问卷或者电话调研，不但需要花费很高的成本，而且调研的数据不精准。但是通过微信直达用户，商家不仅可以自主调研，而且能省去大笔费用。

3. 用户关系管理

用户关系管理是一个不断加强与用户交流，了解用户需求，并对产品及服务进行改进和提高以满足用户需求的连续过程。其最终目标是吸引新用户、保留老用户，以及将已有用户转为忠实用户。微信作为沟通工具，极大地提升了用户与企业沟通的体验。图 3-5 所示为通过微信进行用户关系管理。

图 3-4　服务评价

图 3-5　通过微信进行用户关系管理

4. 企业移动平台官网

传统互联网时代，企业需要官方网站给用户提供信息查询的平台。移动互联网时代，企业依然需要这样的官方网站，以便用户通过移动平台官网获得企业信息，图 3-6 所示为格力空调官方网站。

图 3-6　格力空调官方网站

5. 移动电商平台

未来的电子商务一定是商家采用各种渠道，并尽可能让用户随时随地购买到产品。微信公众号作为企业移动电商的渠道之一，实现线上交易，甚至物流查询、客户服务。图 3-7 所示为国美在线微商城的抢购和团购。

图 3-7 国美在线微商城的抢购和团购

3.2 微信公众号注册与设置

微信公众平台是腾讯公司在微信的基础上新增的功能模块，通过这一平台，个人和企业都可以打造自己的微信公众号，并实现和特定群体以文字、图片、语音形式进行的全方位沟通、互动。

3.2.1 微信公众平台的作用

微信公众平台主要面向名人、政府、媒体、企业等群体推出的合作推广业务。微信公众平台于 2012 年 08 月 23 日正式上线，以创造更好的用户体验为目标，微信公众平台为个人和企业提供了创建自己品牌的机会，图 3-8 所示为微信公众平台。

微信公众平台的作用在于提升了企业的服务意识。在微信公众平台上，企业可以更好地提供服务，其运营方案有多种模式，可以是第三方开发者模式，也可以是简单的编辑模式。微信公众平台主要有如下的作用。

1. 信息群发

信息群发即给所有关注者发送信息，同时收集用户数据，本质是一个数据库营销平台，其内容形式多样，包括语音、图文等。图3-9所示为利用微信公众平台群发消息。

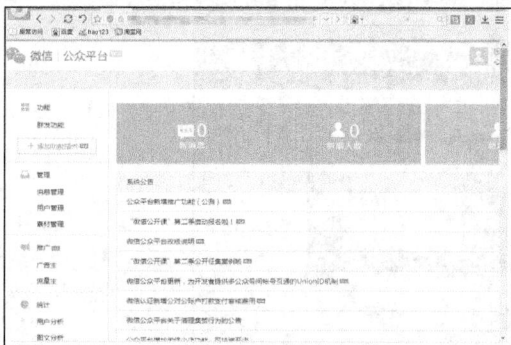

图3-8 微信公众平台

图3-9 利用微信公众平台群发消息

2. 高级接口功能延伸

微信公众平台通过认证后，服务号就会自动打开高级接口中的所有接口权限，这样二次开发功能将会大大增加用户的体验度。

通过微信推出的微信支付功能，用户可以在企业微信里面完成支付，还可以开发出微商城。例如，当前的各类网上商店，用户可以在企业微信里完成下单，真正形成了一个从营销到销售的闭环，企业可以通过自身的渠道做推广。图3-10所示为用户利用微信支付功能购买产品。

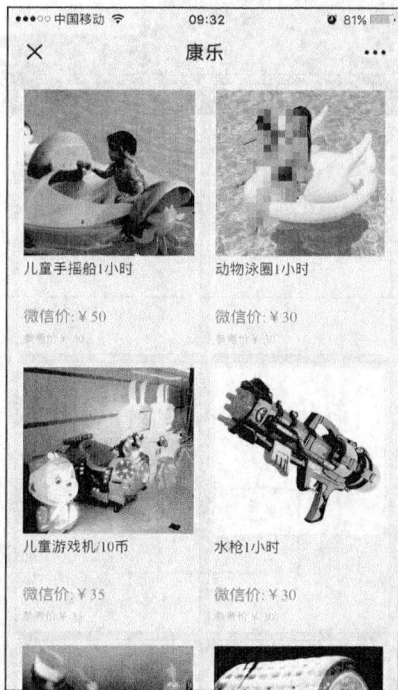

图3-10 用户利用微信支付功能购买产品

▶▶▶ 3.2.2 微信公众号注册流程

注册微信公众号的具体操作步骤如下。

（1）进入微信的官方网站，单击"公众平台"按钮，如图 3-11 所示。

图 3-11 单击"公众平台"按钮

（2）打开图 3-12 所示的页面，单击页面右上角的"立即注册"超链接。

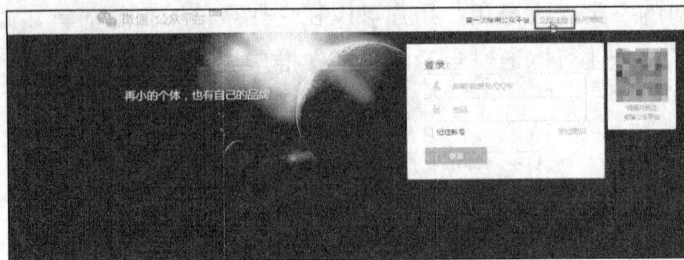

图 3-12 注册公众平台账号

（3）进入"注册"页面，在"请选择注册的账号类型"下面选择相应的类型，在这里选择"订阅号"，如图 3-13 所示。

图 3-13 选择"订阅号"

（4）接下来填写基本信息，如图 3-14 所示。选中"我同意并遵守《微信公众平台服务协议》"复选框，单击底部的"注册"按钮。

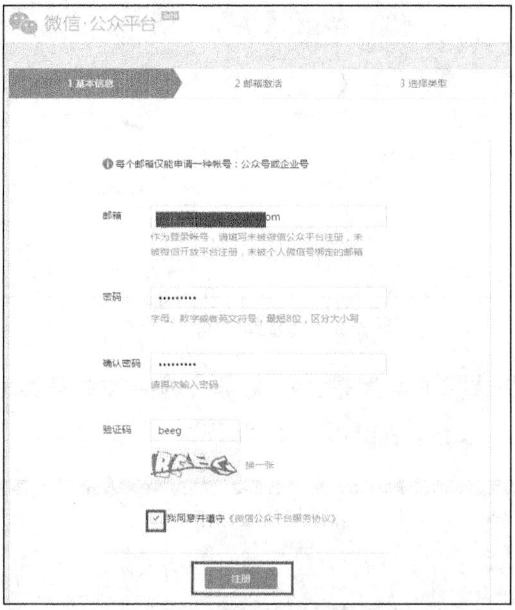

图 3-14　填写基本信息

（5）接下来进行邮箱激活，如图 3-15 所示，单击"登录邮箱"按钮。

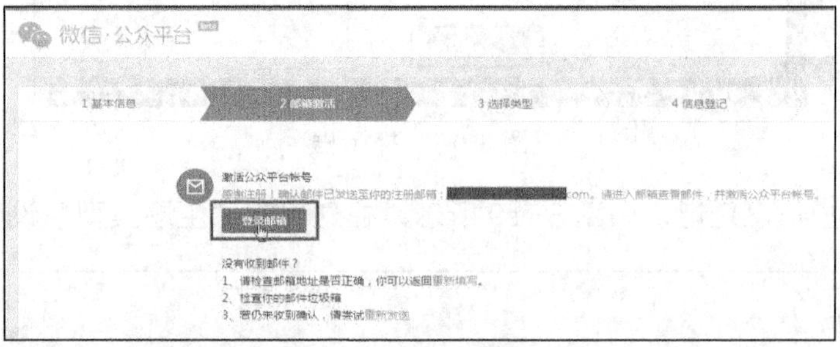

图 3-15　邮箱激活

（6）进入邮箱后，单击提示链接，如图 3-16 所示。

图 3-16　单击提示链接

（7）选择类型，在这里选择"订阅号"，如图 3-17 所示。

图 3-17　选择"订阅号"

（8）弹出提示框"您选择的类型是：订阅号，选择公众号类型之后不可更改，是否继续操作？"，单击"确定"按钮，如图 3-18 所示。

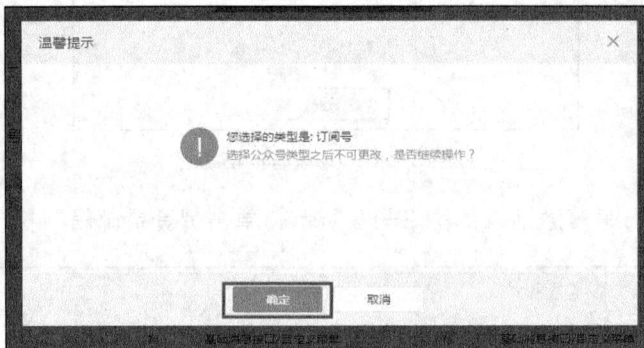

图 3-18　提示框

（9）设置用户信息登记，如图 3-19 所示，在这里将"主题类型"设置为"个人"。

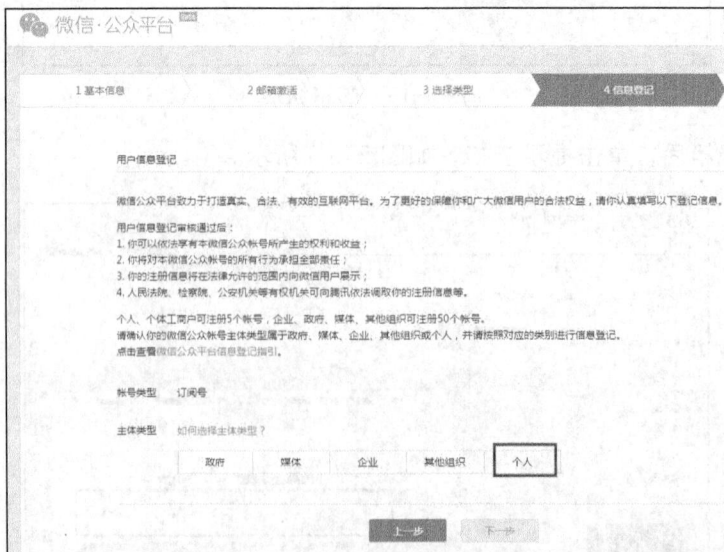

图 3-19　设置用户信息登记

（10）设置主体信息登记，输入身份证姓名和身份证号码，在"运营者身份验证"选项中可以看到提示"为了验证你的身份，请用绑定了运营者本人银行卡的微信扫描二维码，本验证方式不扣除任何费用"，如图3-20所示。

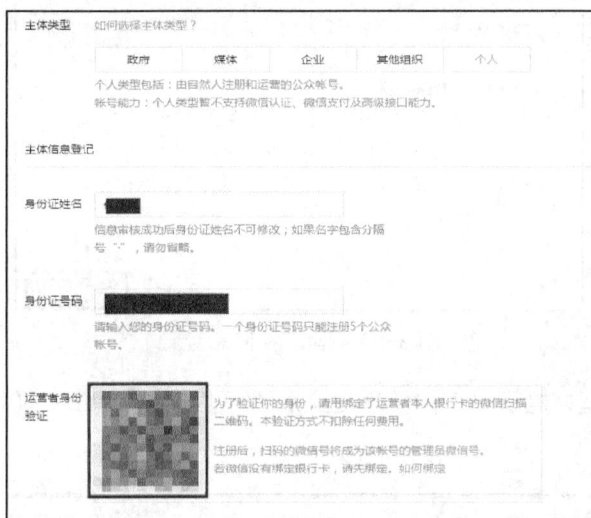

图3-20　设置主体信息登记

（11）打开手机微信，扫描二维码，弹出图3-21所示的"银行卡"界面，点击"我确认并遵从协议"按钮。

（12）弹出信息，提示身份已验证，点击"确定"按钮，如图3-22所示。

图3-21　"银行卡"界面

图3-22　身份验证成功

（13）网页即可显示"身份验证成功"。接下来，输入运营者手机号码，接收短线验证码并输入，单击"继续"按钮，如图3-23所示。

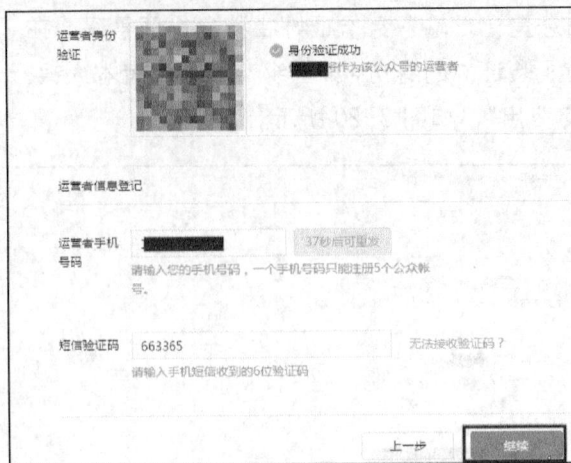

图 3-23　运营者信息登记

（14）弹出提示框，提示"主体信息提交后不可修改"，单击"确定"按钮，如图 3-24 所示。

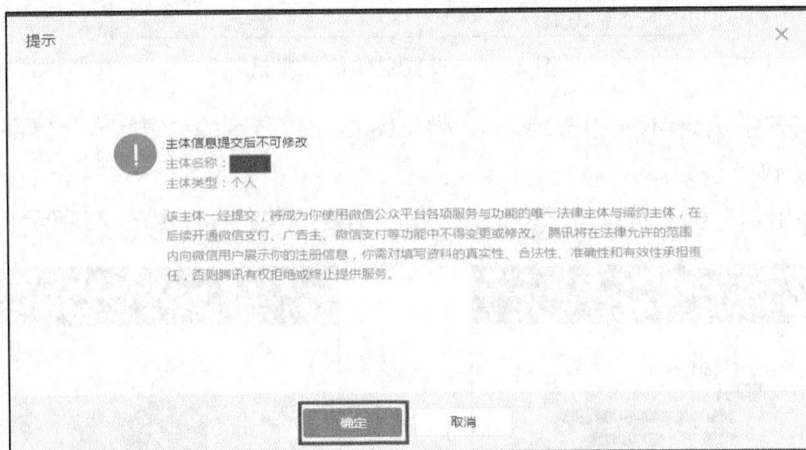

图 3-24　提示框

（15）设置公众号信息，如图 3-25 所示，此时即代表微信公众号注册成功。

图 3-25　注册成功

▶▶▶ 3.2.3 消息管理

消息管理是微信公众号的重要部分，会直接反应微信公众号的活跃程度。在此界面里，能看到用户发送过来的实时消息，也可以在此与用户互动。

下面简单介绍一下消息管理页面，右侧顶部的导航可以帮助查看"全部消息"，如图3-26所示。

图 3-26　消息管理

▶▶▶ 3.2.4 用户管理

微信公众平台的另一个重要功能是用户管理，如图 3-27 所示。在用户管理界面我们可以进行简单的分组管理操作，默认有三个组别，即未分组、黑名单、星标组，也可以新建自定义分组。选择用户和组别，单击"放入"按钮即可完成分组。创建分组是进行群发的基础。针对用户我们可以按照性别、地域或者兴趣偏好进行分组，实现精准营销。

图 3-27　用户管理

黑名单：如果用户位于黑名单内，微信公众号将不接收此用户发送的消息，但是用户仍然可以接收微信公众号发送的消息。

未分组：新增用户默认进入此组别。

星标组：被标记为星标的用户进入此组别。

▶▶▶ 3.2.5　素材管理

微信公众平台提供了素材管理功能，可以将常用的图片、视频、语音、图文消息保存起来，方便日后制作回复的内容。

以图片素材举例，可以看到文件的大小，也可以进行编辑操作，还可以下载和删除，如图 3-28 所示。

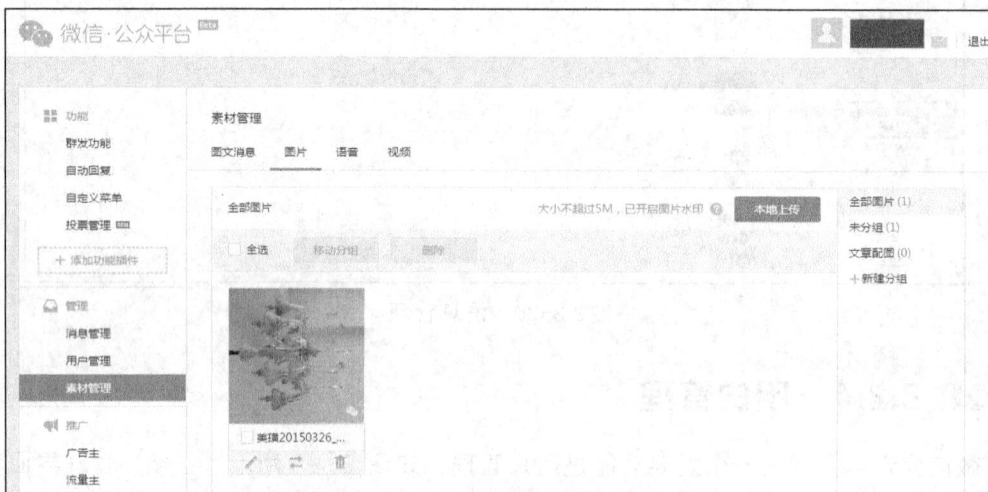

图 3-28　素材管理

3.3　微信公众号的设计

下面介绍微信公众号的设计，包括微信公众号名称和微信公众号官方认证的优势。

▶▶▶ 3.3.1　取一个好的微信公众号名称

一个好的微信公众号名称能体现出公众号的价值、服务、内容、范围、行业等信息，让感兴趣的人快速关注。微信公众号取名的常见方法如下。

（1）直呼其名法

直呼其名法即直接命名，以企业名称或者服务、产品名称作为微信公众号名称，如雅戈尔、七匹狼。

（2）功能实用法

功能实用法将公众号的用途和服务展现出来，如美食工坊，用途是做美食；网络营销助手，用途是提供网络营销资讯。

（3）形象取名法

形象取名法是将企业的形象或者服务产品形象化的一种手法，把具体的事物或者抽象的事物形象化，可以采用拟人、比喻等手法。

（4）垂直行业领域取名法

垂直行业领域取名法通常就是行业名加用途，如微法律、豆瓣同城、百度电影等。

（5）提问式取名法

提问式取名法以提问的方式取名，让关注者获得兴趣，如今晚看啥、什么能赚钱。

（6）另类取名法

另类取名法的特点是新鲜、有趣，只要产品具备某些特点，都可以考虑，如冷笑话精选。

（7）百科取名法

百科一般是指涵盖范围比较广，所以不少微信公众号取名总会带有百科，如时尚生活小百科等。

（8）其他取名法

其他取名法包括可以从生活、地域等一些身边比较熟悉的方面着手，也可以参考百度指数或人们对某些事件或者问题的关注度等。

为微信公众号取名是一门很深的学问，每个企业在策划自己微信公众号名称的时候都要根据实际情况来考虑，关键的一点就是有趣实用，跟自己的企业有关联。

>>> 3.3.2　微信公众号官方认证的优势

微信公众号官方认证是微信公众平台为了确保微信公众号信息的真实性、安全性，微信公众号官方认证的优势主要有以下几方面。

（1）微信公众号官方认证后，用户将在微信中看到微信公众号官方认证特有的标识。2014年5月22日，微信官方团队发布公告，微信公众号官方认证规则改为两步，分为账号主体资质微信审核结果和账号名称审核结果。完成这两个步骤的认证后，账号将获得加认证标识。用户第一眼看到该标识后就会感到非常的放心，也就更愿意关注。

（2）用户在搜索相关关键词时，通过官方认证的微信公众号会排在更靠前的位置，如图3-29所示。

（3）微信公众号官方认证后，可以获得更丰富的高级接口，可以向用户提供更有价值的个性化服务。订阅号将获得自定义菜单接口权限，服务号将获得高级功能接口中所有接口权限、多客服接口，以及可申请商户功能。

（4）避免各种"山寨版"甚至假冒的微信公众号。不少企业反映，官方认证了之后，个人身份的权威性得到了很大的加强，关注微信公众号用户的数量也大幅增加了。

图 3-29　通过官方认证的微信公众号排在更靠前的位置

3.4　微信公众号内容策划

微信公众号内容策划也是极其重要的一环，只有把握好内容策划，才能更好地留住用户，吸引用户。

▶▶▶ 3.4.1　公众号内容筛选

在设定好企业微信公众号内容定位后，结合所设定位，接下来就要进行内容的筛选。在内容筛选方面，我们来看看一个微信的案例。"山东电视综艺频道"是一个综艺节目的微信公众号，喜欢山东综艺台的观众朋友可以通过该微信公众号与山东综艺的明星艺员或者评委聊天。怎么从内容筛选上做到与用户高互动呢？

（1）关联性：因为是电视节目的微信公众号，所以发布的内容可以是一些相关的节目视频。

（2）趣味性：除了发布一些相关视频外，还可以根据粉丝群体的特性发布一些有趣的内容，如图 3-30 所示。

（3）实用性：微信公众号需要向粉丝提供实用性的信息，如精彩节目预告等，如图 3-31所示。

（4）多元性：内容的形式需要多元化，如视频、图片、文字等，让用户能通过多元化的渠道了解节目的相关信息，如图 3-32 所示。

图 3-30　趣味性

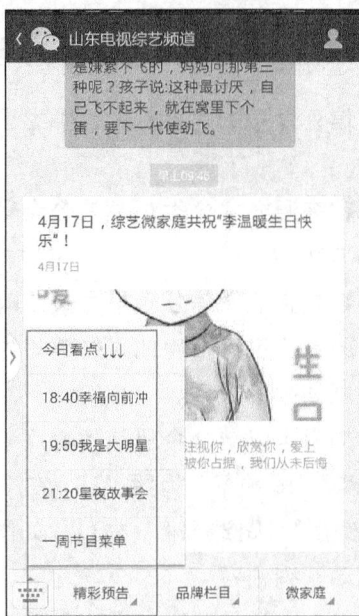

图 3-31　实用性精彩节目预告

（5）互动性：《相亲相爱》节目报名功能，想要参加的用户可以通过微信报名参加，另外在互动社区还可以发帖回信息，如图 3-33 所示。

（6）一致性：基本每条消息都尽量表达一个主题，让用户容易接受。

（7）热点话题：当前的热点话题是非常重要的，可以利用热点话题带动用户主动分享。

图 3-32　多元性

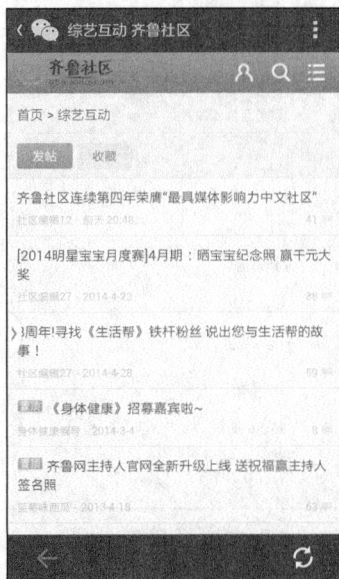

图 3-33　互动性

由此可见，内容的筛选对微信公众号的互动起着重要的作用。内容只有体现出价值，才能引来更多用户的关注和热爱。而且，微信公众号的质量不是从用户数的多少来体现的，和用户的互动情况才是最为关键的判断点。

▶▶▶ 3.4.2 微信公众号内容栏目设置

做好微信公众号的内容定位，确立了内容筛选的范围后，接下来就需要对内容进行编制和管理了。

按照内容来源方式分类，微信公众号的内容可分为下面几种类别。

（1）日常内容

日常内容是企业微信公众号每天定时需要发布的内容，为企业微信公众号固定板块。日常内容可原创，也可引用他人的精华内容。企业可依据品牌特点及微信公众号定位选取不同的方式规划微信内容。

栏目的内容可以结合企业品牌特点来分类。例如，"太平洋时尚网"为时尚类型，则可分为"涨姿势""爱种草""联系我"，在"涨姿势"下又可分为"时尚圈""星鲜来爆""Chic Fever""颜究所""路透SHE"栏目，如图3-34所示。

（2）活动营销内容

企业通过举办活动营销，提高微信公众号知名度，获取潜在用户的关注。活动的形式可以多样化，主要目的是和用户进行持续互动，建立关系。必要时也可以举行一些有奖转发或有奖参与活动，以回馈用户的支持，如图3-35所示。

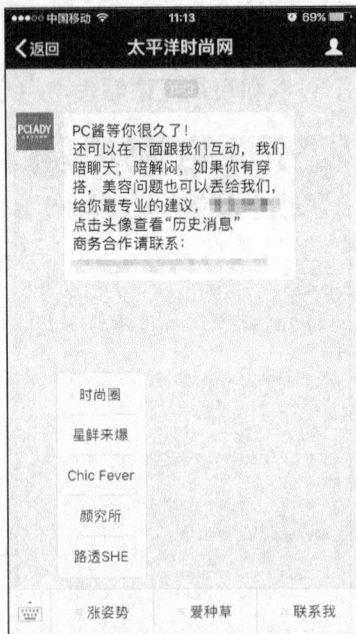

图3-34 日常内容

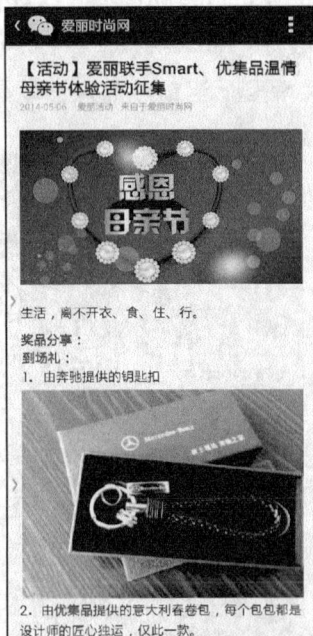

图3-35 活动有奖营销

在奖品种类的选取上，需要注意以下两点。

● 奖品尽量是品牌的产品或者与品牌同性质的产品，这种类型的产品可以把品牌信息或者产品性质最大化呈现给用户。

● 奖品不在于贵，而在于做到"人人参与，人人获奖"。用户往往不会在乎奖品的贵重程度，能中奖已经是一种幸运，如果能抓住用户心理去举办活动，互动效果将会加倍。

（3）灵活应变内容

灵活应变内容的渠道可分为两种：结合每日微信热门话题榜单进行适当创作；针对节假日撰写一些比较特别的文章，图3-36所示为某微信公众号针对圣诞节发布的文章。

图3-36　针对节假日的文章

3.5　微信公众号推广技巧

首先，基于微信公众平台，微店公众号不是注册成功之后摆在那儿就可以了，只有真心去维护运营才能看到效果。下面介绍几种微信公众号推广技巧。

1. 清晰定位

要想做好微信公众号，首先要有清晰的定位。根据自身的定位确立品牌形象、目标人群。以化妆品类店铺为例，可以介绍一些时下热门的护肤品或是护肤知识，从而吸引爱美的年轻女性关注你的微信公众号。图3-37所示为膜法世家的清晰定位。

2. 优质内容

用户是因为内容好才关注你的微信公众号，转发微信公众号的内容也是因为感觉内容有价值，才愿意分享给更多朋友，所以一味的发产品广告必然适得其反。让微信先和你成为朋友，这样才会有接下来的销售。所以，优质的内容推送才能让你的微信公众号人气越来越旺，图3-38所示为微信公众号发布的优质内容。

3. 真人值守

虽然微信公众号为大家设置了自动回复和自定义回复功能，但真人值守才是最重要的。及时查看并回复用户发来的消息，可以让用户感到自己是被重视的，而不是在和机器对话。

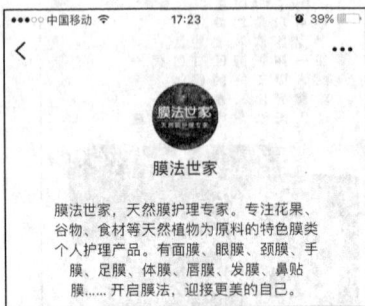

图 3-37 膜法世家的清晰定位

图 3-38 微信公众号发布的优质内容

4. 完善自定义回复

　　遇到用户经常提问相同类型的问题，可以统一解答，让自定义回复来帮你分担。虽然真人值守回复消息很重要，但不能在同样的问题上耗费过多的时间和精力，设置自定义回复，让程序来分担一部分工作，这样做省时又省力。

课后习题

　　1．简述微信公众号的商业价值。
　　2．简述你认为微信公众号注册过程中应该注意的问题，并说明原因。
　　3．简述微信公众号的推广技巧有哪些。

第 4 章
社群电商

> 通过学习本章内容，你将学到：
> - 利用 QQ 群做电商的方法和技巧。
> - 利用微信群做电商的方法和技巧。

在移动互联网出现以后，社群才开始流行起来。移动互联网促进了人与人之间的联系，一群有共同语言的人组成各种社群，他们或有着共同的兴趣，或使用同样的产品，或为了追求共同的价值等。社群更强调即时性互动和关系的连接，如微信群和 QQ 群。近年来，互联网公司获取新用户的成本居高不下，而社群天然就是流量的聚集地，这是社群电商能够发展起来的原因。

4.1 利用 QQ 群做电商

当谈到社群电商时，很多人会想到微信群。其实利用 QQ 群也可以做电商，下面介绍利用 QQ 群做电商。

4.1.1 自建 QQ 群

要利用 QQ 群做电商，首先需要创建一个 500 人或者 1000 人的 QQ 群。如果是经营服装的商家，就可以创建一个服装交流 QQ 群，吸引更多的网友加入，这是 QQ 群引流的重要方式。创建 QQ 群的具体操作步骤如下。

（1）登录 QQ，在 QQ 界面中选择"群聊"，单击加号按钮下拉列表中的"创建群聊"，如图 4-1 所示。

（2）弹出"创建群聊"对话框，选择想要创建群的类别，如图 4-2 所示。

（3）在这里单击"行业交流"，接下来填写群信息，选中左下角的"已阅读并同意 QQ 群服务协议"复选框，如图 4-3 所示，单击"下一步"按钮。

（4）弹出提示信息，提示"首次建群，请输入认证信息，后续无须再次认证"，输入姓名和手机号后单击"提交"按钮，如图 4-4 所示。

图 4-1 单击"创建群聊"

图 4-2 "创建群聊"对话框

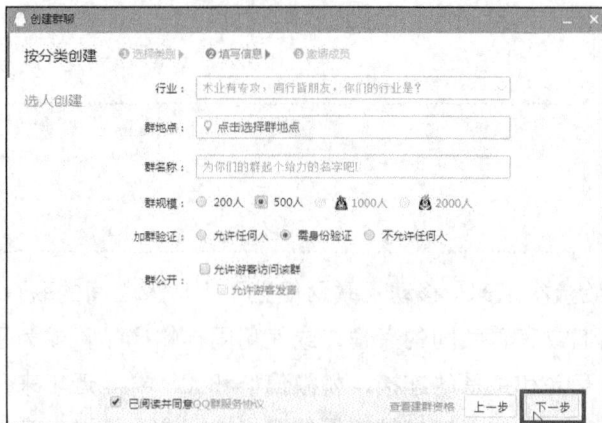

图 4-3 填写群信息

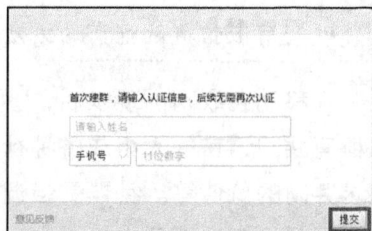

图 4-4 提示信息

（5）在"邀请成员"界面左侧选择想要邀请的 QQ 好友，好友即可添加到右侧的"已选成员"里，如图 4-5 所示。

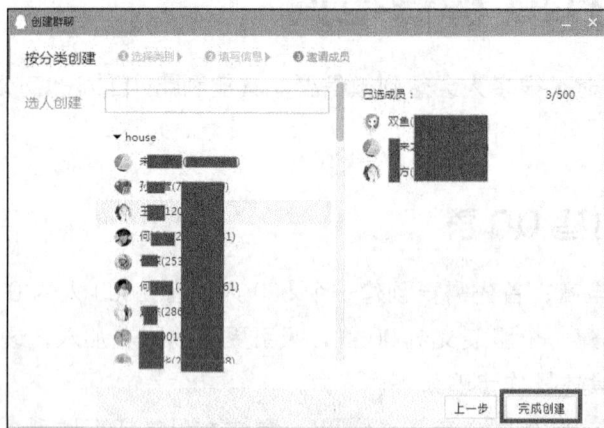

图 4-5 邀请成员

（6）单击"完成创建"按钮，提示创建群成功，单击"确定"按钮，完成 QQ 群的创建，如图 4-6 所示。

（7）单击"分享该群"按钮，弹出"分享群"对话框，如图 4-7 所示，有多种分享方式可以选择。

图 4-6　创建群成功

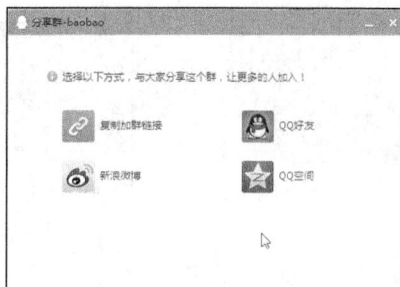

图 4-7　"分享群"对话框

4.1.2 QQ 群相册

将有价值的照片或者自己的照片放到群相册里面分享给 QQ 好友，是一件非常有意义的事情，也可以把商品图片上传到 QQ 群相册，让更多的人看到，吸引他们购买。将商品图片放到 QQ 群相册里的具体操作步骤如下。

（1）双击并打开想要上传照片的QQ群对话框，单击顶部的"相册"，如图 4-8 所示。

（2）打开"相册"界面，单击右上角的"创建相册"，如图 4-9 所示。

图 4-8　单击"相册"

图 4-9　单击"创建相册"

（3）打开"创建相册"对话框，输入"相册名称"和"相册描述"，如图 4-10 所示。

图 4-10　"创建相册"对话框

（4）单击"确定"按钮，即可创建群相册，图 4-11 所示为创建成功的群相册。

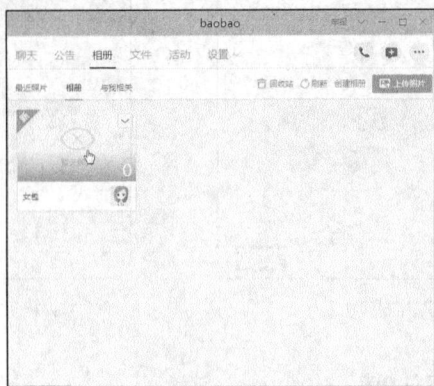

图 4-11　创建成功的群相册

（5）单击刚创建的群相册，单击右上角的"上传照片"按钮，如图 4-12 所示。

（6）打开"本地上传"界面，单击"选择照片"按钮，如图 4-13 所示。

图 4-12　单击"上传照片"按钮

图 4-13　单击"选择照片"按钮

（7）打开"打开"对话框，选择想要上传的图片，单击右下角"打开"按钮，如图 4-14 所示。

（8）上传图片至群相册，如图 4-15 所示。

图 4-14　"打开"对话框

图 4-15　上传图片成功

▶▶▶ 4.1.3 QQ 群公告

QQ 群公告也是非常好的宣传手段，这需要自己创建群或者自己是群管理员。

设置 QQ 群公告的具体操作步骤如下。

（1）打开想要设置群公告的 QQ 群，切换至"公告"界面，单击"发布新公告"按钮，如图 4-16 所示。

（2）在对话框中输入标题和正文，单击"发布新公告"按钮，如图 4-17 所示。

图 4-16　发布新公告

图 4-17　发布新公告

（3）公告即可发布成功，如图 4-18 所示。

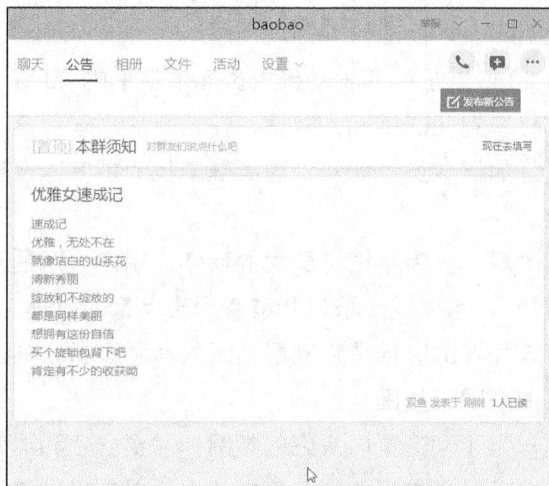

图 4-18　公告发布成功

▶▶▶ 4.1.4 提升 QQ 群排名

在创建 QQ 群时，群昵称非常重要，因为这涉及群排名的问题。群昵称里面要包含一些关键词，如做旅游类的交流群，群昵称可以设置为"旅游交流群"，设置 QQ 群昵称时需要考虑用户搜索的关键词，群昵称中含有关键词才更容易提升群排名。图 4-19 所示为群昵称里含有优化关键词。

图 4-19　群昵称里含有优化关键词

下面介绍提升 QQ 群排名的几种方法。

（1）确定群的定位。创建群时，要想好群的定位和主题，并以此填写群资料。

（2）完善群资料。群资料是用户了解群的关键途径，用户将根据群资料中的内容决定是否加入。群资料包括群名称、群头像、群标签和群地点。

（3）建立群管理团队。群管理员是群发展和群活跃的关键，可以邀请熟悉的 QQ 好友，或在群成员中筛选尽职活跃的群成员担任或者从网站招募。建议定期对群管理员进行考核。只有具备责任心的管理团队，才能运营好 QQ 群。

（4）推广群。邀请 QQ 好友加群并发动群成员邀请他们的 QQ 好友加群，是比较有效的推广方式。还可以将群分享到 QQ 空间、微博，在相关的兴趣部落、百度贴吧、豆瓣小组发帖招募有共同兴趣爱好的群成员。此外，提高群查找的排名以及群在附近的群的排名，也是推广群的重要渠道。

（5）制定 QQ 群内的规则。为了维持群内的秩序，制定合理的群内规则必不可少。在群公告处填写"本群须知"，可以减少群主和群管理员大量的管理工作量。

（6）欢迎新人。新人加群的时候是带动群活跃的有利时机，通过要求新成员发照片等方式可以带动起整个群内的聊天氛围。

（7）定期发起话题。为了营造群内良好的氛围，需要群主和群管理员定期发起话题，引导群成员的讨论。话题可以是最近的热门事件，也可以是一则笑话。

（8）经常举行线下活动。在 QQ 群里发起活动，很多人都可以从附近的群里面看到发起的活动，非常有利于扩大 QQ 群规模。同时，如果是同城类的群聚会，也非常有利于活跃群内气氛，增强群成员的团结和群的稳定性。

商家还可以利用 QQ 群来扩大自己的人脉圈，如利用 QQ 群建立圈子，还可以借用 QQ 群创建自己的用户交流群等。这样更容易与用户进行互动、交流，更容易让用户了解商家。同时，增加用户的归属感、减少商家与用户之间的距离感。

4.1.5 QQ 群兴趣部落引流

QQ 用户可以在"兴趣部落"里进行交流讨论，也可以加入相关联的 QQ 群进行实时聊天。同时用户还可以从相对私密的 QQ 群里走出来，加入公开的兴趣部落，扩展社交边界。

那么应该如何使用兴趣部落来推广引流呢？

（1）进入 QQ 的"动态"界面，单击"兴趣部落"选项，如图 4-20 所示。

（2）在进入的界面中显示有不同的部落群，商家可以根据自己的产品去关注相关的兴趣部落，如图 4-21 所示。

图 4-20　兴趣部落

图 4-21　部落群

如果关注的是旅游部落，那么在这个部落里面商家可以找到很多与旅游相关的群以及同城群，如图 4-22 所示。很显然这里面就是商家能去做软广告的地方。

首先能增加用户数量的方式就是商家在部落里面发布具有价值的动态以及作为别人动态的第一个留言者，其次是与部落的管理人员达成合作，让自己发表的动态成为精华帖子。如果资金充裕，商家还可以购买部落的广告位置，推送商家在兴趣部落中发布的动态。

兴趣部落栏目里也有很多人气很旺的小组，该如何利用这些小组进行营销呢？

寻找其他的小组，通常的做法是商家给用户一个免费的特权，吸引用户留下 QQ，然后商家再去加其 QQ，愿意留下 QQ 的用户都会通过你的好友申请，而且都是有需求的精准用户。

更有效的 QQ 兴趣部落引流方法是商家利用自己建立的 QQ 群关联兴趣部落，这样才能在兴趣部落的相关群中展现出来，从而实现每天都会有很多用户通过兴趣部落中进群，而不是通过 QQ 群号查找功能进群。

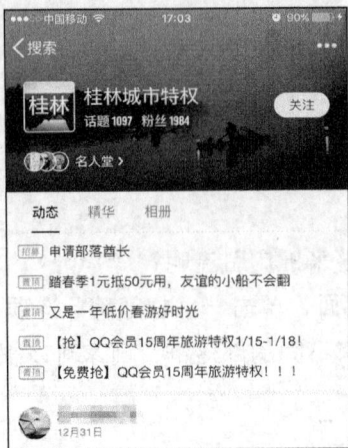

图 4-22　旅行部落

4.2　利用微信群做电商

在微信平台上，利用微信群的引流不但高效，而且快捷。一个微信群，少则数十人，多则几百人，一旦商家在群中发布了有价值的信息，就会不断有新用户加入。因此掌握好微信群的引流技巧，会大大提升引流效果，并将产品直接推送给用户。图 4-23 所示为利用微信群做电商。

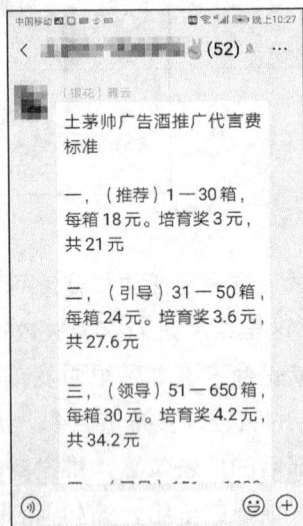

图 4-23　利用微信群做电商

4.2.1　微信群好友分组管理

众所周知，商家可以对 QQ 好友进行分组归类管理，看起来简单明了，找起来省时省力。那么微信群好友能不能分组归类呢？微信群好友分组管理的具体操作步骤如下。

（1）打开微信并登录，点击底部的"通讯录"按钮，进入"通讯录"界面，点击"标签"选项，如图4-24所示。

（2）打开"标签"界面，点击"新建"按钮，如图4-25所示。

图4-24　点击"标签"

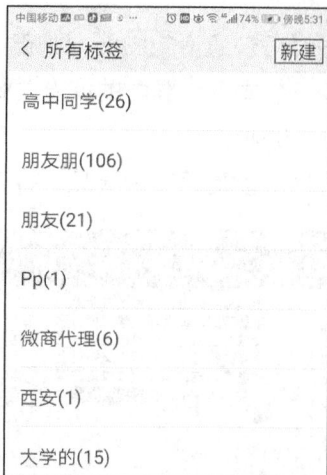

图4-25　点击"新建"按钮

（3）打开"选择联系人"界面，选择想要添加的好友，点击右上角的"确定"按钮，如图4-26所示。

（4）在"标签名字"文本框中输入名字，点击右上角的"保存"按钮，如图4-27所示，即可完成微信群好友分组。

图4-26　添加成员

图4-27　输入标签名字

▶▶▶ 4.2.2　微信群视频会议

在新版本微信中加入了微信群视频聊天功能，让视频聊天不仅仅是在两个好友之间开展，在微信群好友之间也可以发起群视频聊天，实现多方即时视频通话。微信群视频聊天功能可以让多个好友一起视频聊天，也可以用来开视频会议。

利用微信群视频聊天功能进行视频会议的具体操作步骤如下。

（1）进入要进行群视频聊天的微信群，然后再点击底部的"⊕"图标，如图 4-28 所示。

（2）点击"语音通话"图标，如图 4-29 所示。

（3）选择一个或多个群内的好友与你视频聊天，群内任何人都可以发起，点击"完成"按钮，如图 4-30 所示。

（4）等待好友接受语音聊天后，打开摄像头后就可以进行视频聊天，如图 4-31 所示。

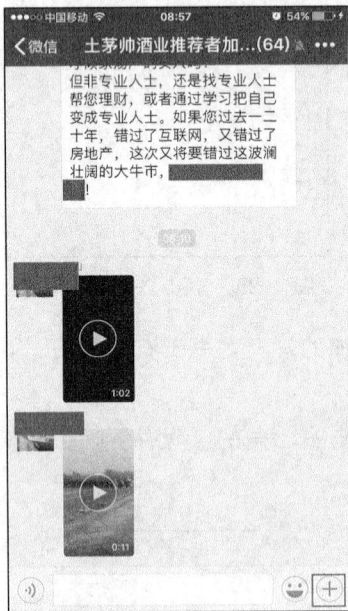

图 4-28　点击"⊕"图标

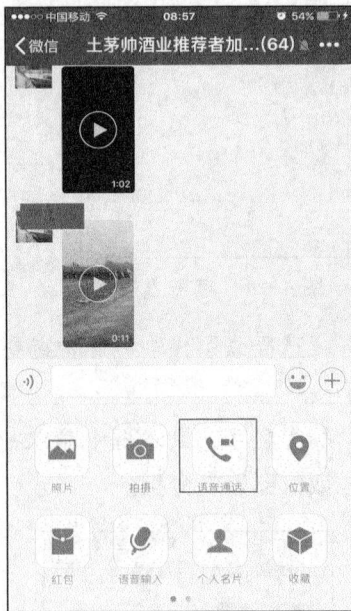

图 4-29　点击"语音通话"按钮

图 4-30　选择好友

图 4-31　视频聊天

▶▶▶ 4.2.3 修改微信群昵称

有时候加入一个微信群以后，想要修改自己在微信群的昵称，该如何进行修改呢？其实修改自己在微信群昵称的方法很简单，具体操作步骤如下。

（1）打开一个微信群聊，点击右上角的 ··· 按钮，如图 4-32 所示。

（2）打开"聊天信息"界面，点击"我在本群的昵称"，如图 4-33 所示。

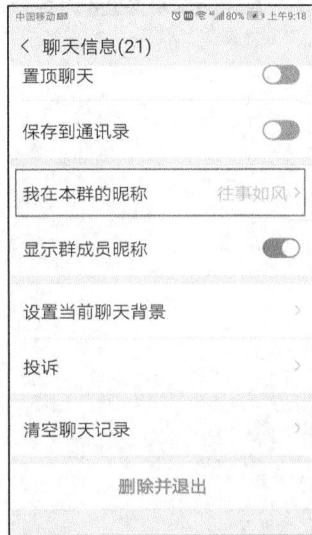

图 4-32　打开群聊　　　　　　　图 4-33　点击"我在本群的昵称"

（3）打开"我在本群的昵称"提示框，在文本框中输入想要设置的个性化昵称，点击"确定"按钮，如图 4-34 所示。

（4）我在微信群的昵称修改成功，如图 4-35 所示。

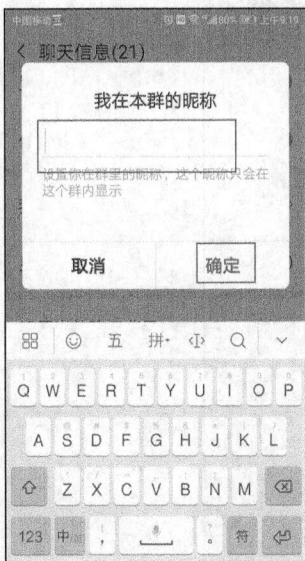

图 4-34　修改"我在本群的昵称"　　　　　图 4-35　修改成功

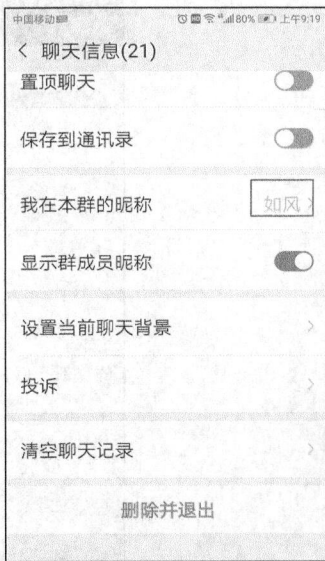

▶▶▶ 4.2.4 修改微信群名称

当我们建立一个微信群的时候，都会修改群聊名称，具体操作步骤如下。

（1）打开一个群聊，点击右上角的 ··· 按钮，如图 4-36 所示。

（2）打开"聊天信息"界面，点击"群聊名称"，如图 4-37 所示。

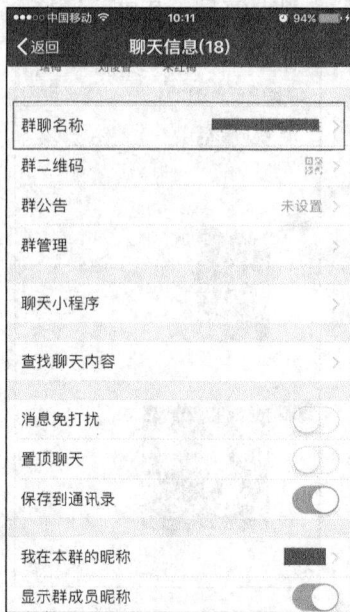

图 4-36　群聊　　　　　　　　　　　图 4-37　修改群聊名称

（3）打开"修改群名称"界面，在"群聊名称"文本框中输入想要设置的群聊名称，点击右上角的"完成"按钮即可，如图 4-38 所示。

图 4-38　修改群聊名称

▶▶▶ 4.2.5　设置微信群二维码

微信群创建完成后，如果有新朋友要加入，不仅可以通过微信群中的好友邀请加入，而且可以通过扫描微信群二维码加入，这里介绍如何创建微信群二维码。

（1）打开一个群聊，点击右上角的 ··· 按钮，如图 4-39 所示。

（2）打开"聊天信息"界面，点击"群二维码"，如图 4-40 所示。

图 4-39　群聊

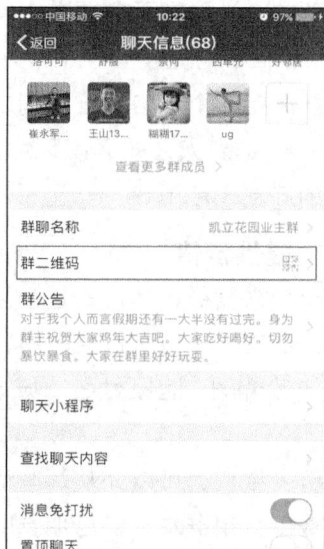

图 4-40　聊天信息

（3）打开"群二维码名片"界面，点击右上角的 ··· 按钮，如图 4-41 所示。在弹出的列表中选择"保存图片"，即可保存到手机相册里，如图 4-42 所示。把这个群二维码图片发送给好友，好友通过扫描二维码即可加入微信群。

图 4-41　"群二维码名片"界面

图 4-42　保存图片

第4章　社群电商

61

▶▶▶ 4.2.6　微信群运营方法

微信群是商家从事微营销必备的一个工具，用好了可以实现销售额快速增长。如何让微信群发挥最大的作用，那就需要运营好微信群。

1. 完善群规则

无规矩不成方圆，建立微信群前首先要制定一个群规则，制定群规则的目的是要告诉进入微信群的群友，进群聊天需要遵守群规则。但实际中，很多微信群因为没有正式的群规则，导致进入微信群门槛没有一个很好的"度"，进群后发广告者、私下拉人者比比皆是。

微信群需要制定一个严格的群规则以给新入群的好友做一个言简意赅的介绍，并且尽可能写一篇"×× 群新人必知必读"的群规则并做成模板收藏，在需要的时候立刻发到群中，让刚进群的好友一目了然。

2. 为群友提供价值

人们进入一个微信群，其目的是学习知识、掌握新的资讯、拓展人脉、寻找一些新的项目或者机会。群友要提供有价值的内容。

（1）群友自我介绍，包括姓名、城市、从事行业、具备的资源、进群目的等，这是最基本的介绍。

（2）帮助群友推广，可以先从那些活跃的、比较支持群的群友开始，把他们的微信名片发到群里；或者组织群友在自己朋友圈里相互推荐；或者组织群里的群友互加好友。这样就满足了群友拓展人脉的需求。

3. 组织各种活动

高质量的微信群肯定会组织线上互动和线下活动。和线上的互动相比，线下活动更能培养群友的感情以及促进商业合作。

4. 重新建群

如果我们的群一直处于不温不火的状态，那就重新创建一个微信群，告诉原群友准备在新创建的群里做个活动，如发红包、促销活动等。真正关注这个群的群友，他会加入新创建的微信群。当然，重新建群一定要给原群好友留足查看时间，尽量全部提醒一遍，这样原本那些活跃的群友才会被筛选进入一个新的群中，从而帮助你保持新群的热度。

5. 通过红包引爆

微信红包是促进微信群群友之间互动的催化剂，是维护群的必备技能。微信群可以通过抢红包的方式来聚合人群，提升群的活跃度以及群友之间的交流程度。

▶▶▶ 4.2.7　微信群混群技巧

很多人进入一个微信群从来不与其他群友互动，没有达到自己想要的效果，然后就认为这个群没有价值，浪费资金。而有些群友不仅通过群认识一些人，还招到了很多产品代理，把产品销售出去了，得到了很大的回报。为什么有这种差距呢？这是因为有些群友不懂怎么混群，不懂怎么融入进去。下面就来讲述如何混群。

1. 进有组织的群、有价值的群

建议大家能多加入一些付费的微信群，这类型的群有组织、有纪律，也有专人维护，通过花费一定的资金筛选出高质量的群永远比花时间去找无数个垃圾群有效，也会节省快速整合资源、拓展人脉的成本。

最好有人引荐。优质的群，群友的情感基础都是很深厚的，最好的寻找微信群的方式就是被朋友邀请进入一些他们认为高质量的群，在朋友邀请你进群时，请他为你说一句推荐的话，如"这是我的好朋友，做××行业的，大家欢迎一下哦。"简单的一句话，就可以让你和群友互相认识。这时不要忘记，用微信红包开路。

2. 联系群主

私信群主或管理员，了解群规及群的活动。不管进入哪个群，首先要和群主搞好关系，如果群主不喜欢你，就随时会有被踢出群的危险。和群主搞好关系了，未来可以得到的资源和推荐机会就会非常多。

3. 寻找群里的老朋友

在我们加入微信群前，系统会提醒"你的好友XXX也在这个群中"，微信中人脉重叠是非常严重的，所以，在哪里都可能会找到你曾经认识的伙伴，如果没有，至少你的邀请人是你的熟人。

4. 联系群内活跃分子

每个群里都有几个活跃分子，进群之后的几天，先不发言，看看哪些群友比较活跃，并添加群内活跃的人为好友，看看他们喜欢什么话题，积极参加与群相关的话题讨论和各种活动。刚开始的时候多关注他们的朋友圈并进行点赞或者评论，在他们面前留下好印象，等慢慢熟悉之后，就可以进行单独沟通，从而和他们成为好友。一般群里活跃的人，都和群主关系不错，或者在群里说话有一点分量。

5. 舍得发红包

不管哪个群，总会有一些喜欢发红包的群友。发红包要看时间，要注意节奏，要在人多的时候发，要在有气氛的情况下发，其目的是引起群成员的注意并关注你，定向红包也是不错的选择。做微商的一般都是希望在群中招代理，发红包会彰显自己的实力，从而吸引更多的人做你的产品代理。

6. 学会分享

一般在一个群里，很多人的价值观都是相同的。如果你能在群里分享怎么加粉，怎么招代理，怎么发朋友圈，怎么管理代理，怎么卖货，怎么玩互动等一些有价值的内容，相信很多群友一定会对你赞赏有加。群里有咨询问题的，就主动帮忙解决。当经常在群里说话，曝光率逐渐高起来时，群友就记住你了。之前没有加你的人，可能就会加你，并且还会在他们朋友圈去分享关于你的信息，这是比较有效的办法。

7. 添加群友为好友

在群里添加陌生人，一定要告诉他，你是从哪里知道他的，添加好友也需要找一个理由。通过群添加好友是比较有质量也是比较容易通过的。

8. 和群友在朋友圈多互动

和群里的每个人多互动，尤其是在刚加入群的时候，群友之间还不熟悉，除了在群里互动，还要在群友的朋友圈多评论、多互动，这样可以更加了解彼此，加深感情。

▶▶▶ 4.2.8 微信群红包营销

下面介绍微信群红包营销的常见玩法。

1. 红包签到

每日固定时间在群里发送红包，如每天早上 8 点。其目的是让更多人认识，让更多的人信任，最终成为你的客户。微信群红包的投入产出比是非常大的。因为红包的投入远低于做其他营销活动的投入。

2. 用红包打招呼

如果刚加入微信群，可以发个红包跟群友打招呼，然后做个自我介绍，马上群里边的气氛就会活跃起来。

3. 用红包说话

如果直接在群里发广告，即便是软文，估计也有不少群友的反感。这时可以先发几个红包，每个红包都可以带上一句话。例如，第一个红包："大家好，我是 XX"；第二个红包："我们时尚包包店在 X 月 X 日有一个活动"；第三个红包："活动的主题是 XXX"；第四个红包："活动将带给大家 XX 好处"；最后一个红包："感兴趣者，加我私聊"。这样发红包，群主看到一般不会将你踢出群聊，因为虽然是打广告，但是群里的气氛被调动起来了，宣传目的也达到了。

4. 红包接龙

红包接龙就是发起者发一个红包，抢到最佳手气者再发一个同样金额的红包，多轮后结束。

5. 红包雨

红包雨是指某个人不停地在群里发红包，给人营造一种富豪的印象。红包雨不仅可以提高关注度，更重要的是可以成为这个群里的、比较有影响力的人物。图 4-43 所示为红包雨。

6. 用红包抽奖

在群里举办一个红包抽奖的活动。首先要公布奖品是什么，奖品价值多少钱。可以发几轮红包，每一轮的最佳手气就是获奖者。抽奖结束之后，等获奖者都收到奖品的时候，让他们在群里面晒一下，再拍个照片发个朋友圈。

图 4-43　红包雨

课后习题 ●●●

1. 利用 QQ 群做电商的技巧有哪些?
2. 简述利用 QQ 群做电商应注意的问题。
3. 社群电商运营有哪些方法?

第 5 章
今日头条运营

通过学习本章内容，你将学到：
- 今日头条营销技巧。
- 今日头条运营技巧。

互联网营销已经成为营销的主流方式，以今日头条为代表的新媒体平台的崛起，也点燃了内容电商时代和粉丝经济时代的烈火。随着今日头条的火爆，以及开放的内容创作与分发平台——"头条号"的推出，文章、视频等日均阅读量总数超过 18 亿次。只要写好文章就可以通过平台获得推荐，用户也能够更容易看到自己喜欢看的内容。不仅方便了自媒体运营者获取收益，同时也提升了用户体验。

5.1 今日头条营销技巧

今日头条是目前做得较好、规模较大、运营稳定、用户群较广泛的自媒体平台，越来越多的人开始在今日头条平台上获取收益。

▶▶▶ 5.1.1 开通自营广告

自营广告如今已经成为自媒体营收的一大来源。那么今日头条如何利用自营广告营收的呢？

（1）首先登录今日头条号，在"个人中心"下，选择"我的收益"，单击顶部的菜单栏中的"账号权限"，查看自营广告是否开通，没开通的单击"申请"按钮，如图 5-1 所示。

（2）在"今日头条"下选择"收益分析"，然后单击顶部的菜单栏中的"收益设置"，在"广告投放"中选中"投放自营广告"，然后单击"设置自营广告"，如图 5-2 所示。

（3）进入"新增自营广告"页面，在此页面中设置类型、标题、预览、落地页链接、请选择行业、资质证明等，如图 5-3 所示。

图 5-1　申请开通自营广告

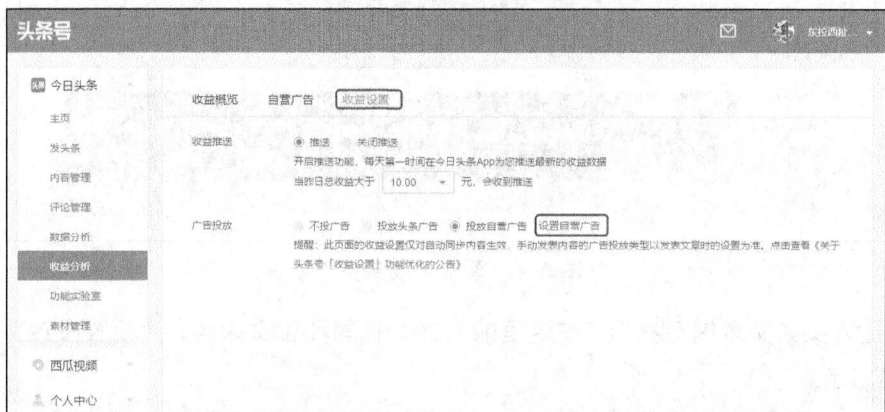

图 5-2　单击"设置自营广告"

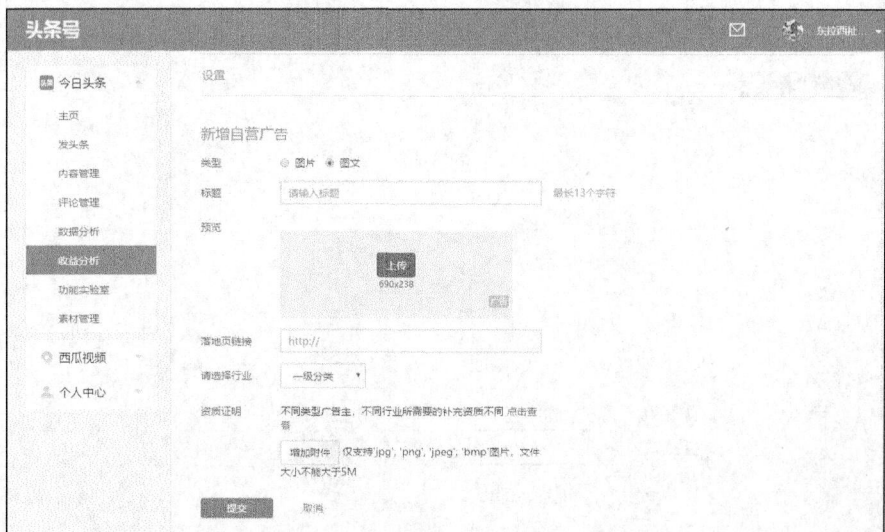

图 5-3　设置自营广告

（4）最后单击"提交"按钮并等待批准，即可开通自营广告。

▶▶▶ 5.1.2　发布文章开通头条广告

广告点击提成是指今日头条对于在头条号发布文章的自媒体直接分的广告收入，只要文章有点击，就会有广告收入。这个广告收入要根据发布的文章的质量决定。

在今日头条发布文章具体操作步骤如下。

（1）进入头条号后，先进行登录，然后单击"发头条"，如图5-4所示。

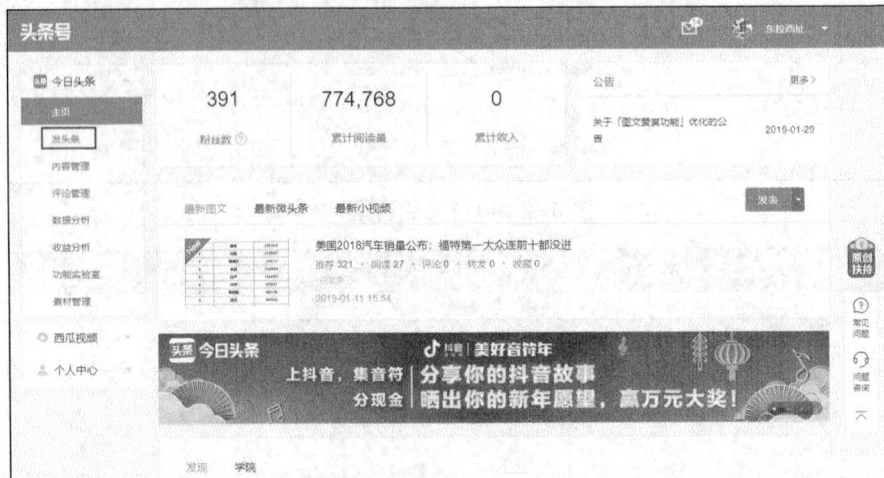

图5-4　单击"发头条"

（2）进入头条文章编写界面，在这里输入文章标题和正文内容，并设置投放头条广告，如图5-5所示。

图5-5　头条文章编写页面

（3）发表完成后，在内容管理页面可以看到刚刚发布的文章标题，如图5-6所示。

图5-6　发布的文章标题

▶▶▶5.1.3　发布视频开通头条广告

自媒体时代可以通过上传自己的视频来达到吸引流量的效果。在今日头条发布视频的具体操作步骤如下。

（1）要上传视频必须先要注册一个头条号，注册之后可以进入主页中，单击"发头条"，如图5-7所示。

图5-7　单击"发头条"

（2）选择顶部的"小视频"导航，在窗口中单击"上传视频"按钮，如图5-8所示。

（3）弹出"打开"对话框，在对话框中选择要添加的视频文件，如图5-9所示。视频的获取渠道包括截取电视剧、电影的一些视频片段，从微博、微信等平台获取一些有价值的小视频，或自己拍摄的小视频。

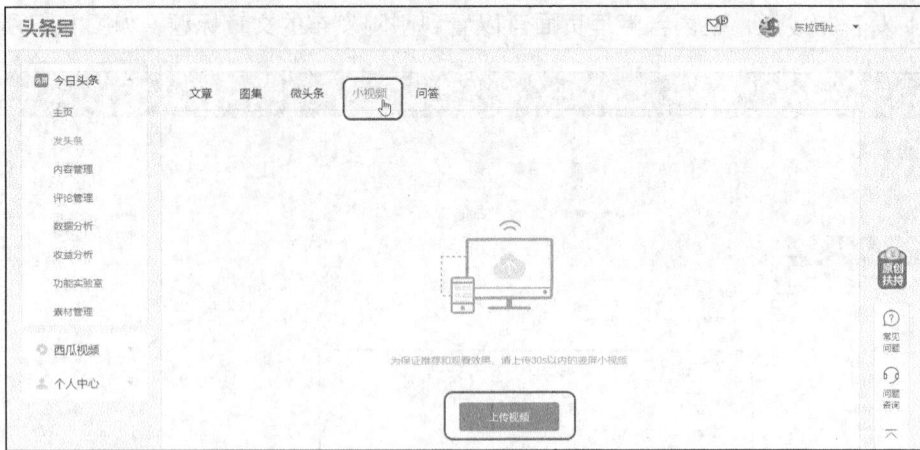

图 5-8　单击"上传视频"按钮

图 5-9　选择要添加的视频文件

（4）视频上传成功，如图 5-10 所示。

图 5-10　视频上传成功

（5）在"收益分析"中可以查看投放的广告视频收益，如图 5-11 所示。有的视频浏览量很不错，但是广告收益一般，原因是其广告引导没有做好。

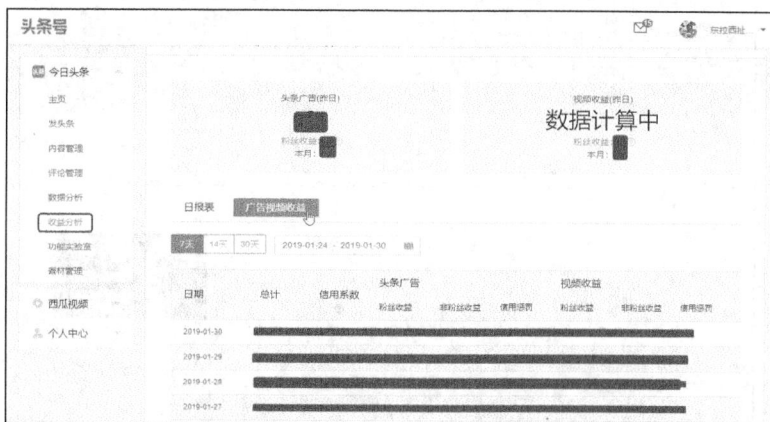

图 5-11　查看投放的广告视频收益

（6）也可以在西瓜视频发布，选择西瓜视频下的"发表视频"，在页面中单击"上传视频"按钮，在如图 5-12 所示。

图 5-12　单击"上传视频"按钮

（7）弹出"打开"对话框，在对话框中选择要上传的视频文件，如图 5-13 所示。

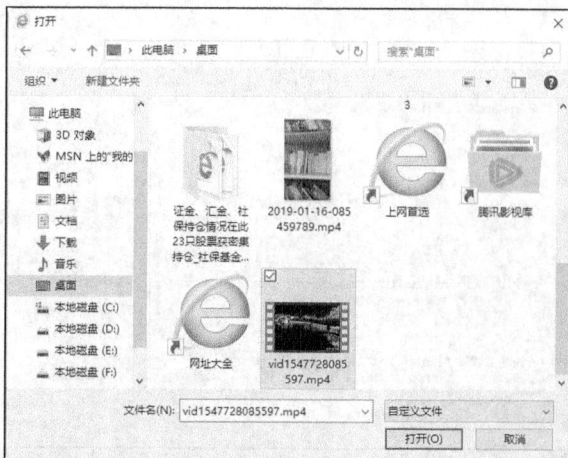

图 5-13　选择要上传的视频文件

（8）选择"打开"按钮，上传视频文件并设置视频信息，如图 5-14 所示。

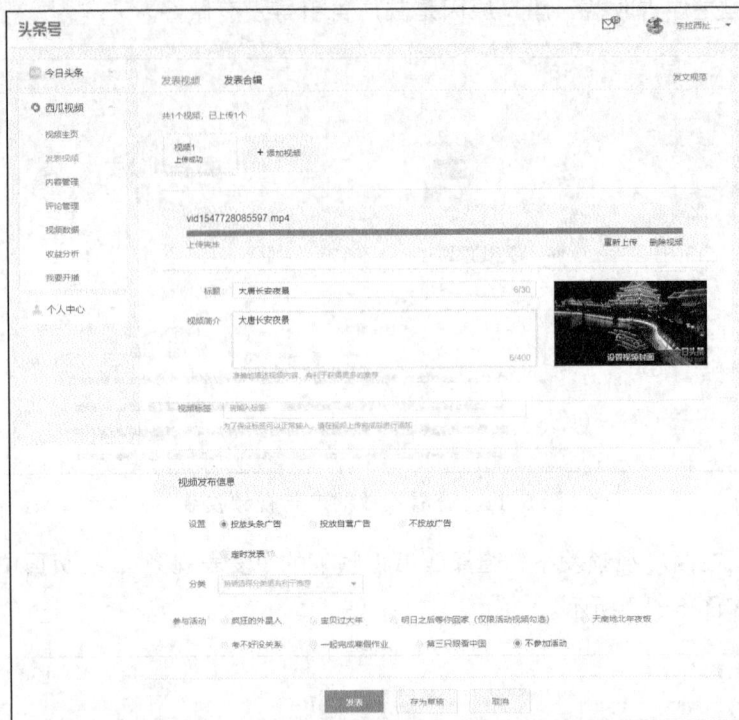

图 5-14　上传视频文件并设置视频信息

▶▶▶ 5.1.4　参与悟空问答

悟空问答是一个问答社区，专注分享知识、经验、观念。在这里几乎所有人都能找到自己所提问题的答案、参与讨论。用户回答问题还可以赚取收益，具体操作步骤如下。

（1）进入头条号后，先进行登录，单击"发头条"，然后单击"问答"，如图 5-15 所示。

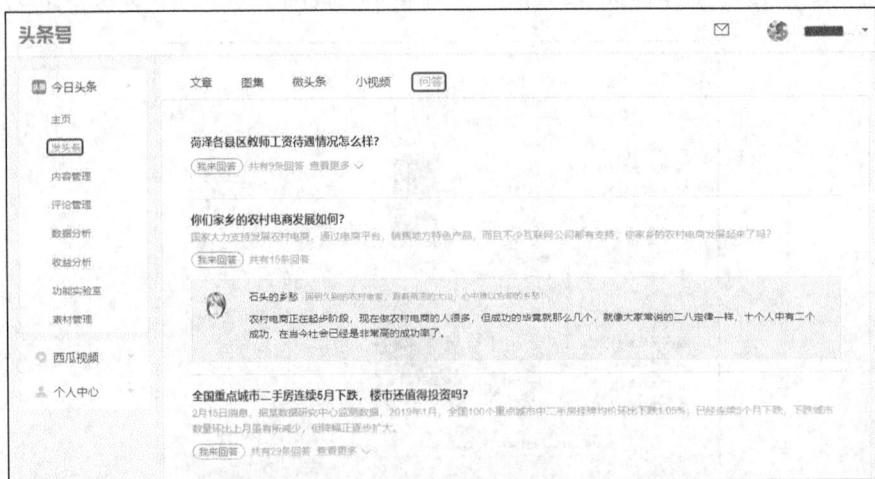

图 5-15　单击"问答"

（2）选择页面中一个问题回答，如图 5-16 所示。

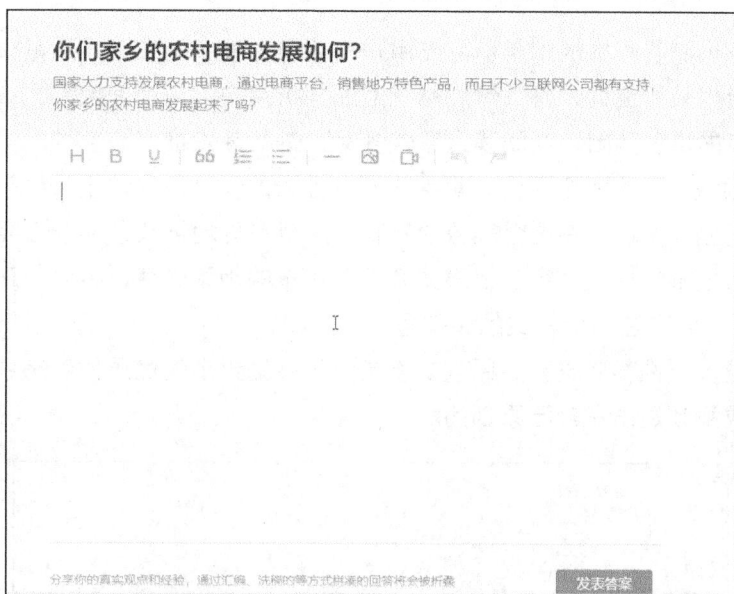

图 5-16　选择页面中一个问题回答

（3）回答完成的文章如图 5-17 所示。

图 5-17　回答完成的文章

5.2　今日头条运营技巧

今日头条作为自媒体平台中的巨头，都有哪些运营技巧呢？下面分别进行介绍。

▶▶▶ 5.2.1 头条号推荐机制

头条号推荐机制的基本规则是：首先用户在头条号发布的文章通过审核后，系统会将文章推送展示给相关关键词人群；然后系统通过分析用户的阅读速度和文章停留时间，判断是否扩大文章的推荐范围，当阅读人数较多时，进行翻滚推荐。

（1）专注领域。无论哪个平台，都喜欢专业性强的作者，专注于一个领域，才能更集中自己的优势，显现出自己在这个领域的专长，才能更好地被头条和读者喜欢和发现，不能这篇文章发布旅游的相关内容，下篇文章发布汽车的相关内容，另外一篇又发布娱乐内容。图 5-18 所示为专注一个领域的头条号。

（2）原创越多，推荐量越高。原创功能是为了鼓励更多的优质作者来今日头条创作，所发布的文章或视频是作者自己原创的。

图 5-18　专注一个领域的头条号

（3）内容质量越高，推荐量越高。优质内容才是根本，这一点毋庸置疑。高质量的文章能使用户感觉有收获、学习到了技能、了解到了知识、获取了娱乐资讯或得到了精神的愉悦等，如图 5-19 所示。

（4）点击率＋读完率。点击标题并读完文章的人越多，文章得到的推荐越高。在发布文章的时候，标题非常重要，只有标题吸引人，才能够引起用户点击。但不建议做标题党，如果文章内容不好，用户点击完就退出阅读页面，读完率就低了，这也会影响推荐量。

（5）分类明确。文章兴趣点越明确，推荐量越高。分类就是要把文章主题放到相应的分类中去，如新闻、社会、娱乐、电影等。

（6）互动数和订阅数。读者越活跃，推荐量越多，读者活跃表现在评论、点赞、分享等方面。好文章当然就会引起用户的互动并分享。

（7）站外热度。在互联网上关注度高的话题，推荐量就多。所以发布热点话题也会快速地获得更多的推荐量。

（8）发文频率。经常发文，保持活跃很重要。无论哪个平台都是这样的，平台当然更喜欢活跃的作者了，这样才能够源源不断产生信息。

图 5-19　内容质量高的文章

5.2.2　开通今日头条原创

开通今日头条原创以后，会增加很多功能，最关键的一点是开通原创以后，收益会增加很多。

想要申请开通今日头条原创，必须先满足以下要求。

- 开通头条号满 30 天。
- 账号类型为个人、群媒体、新闻媒体、企业。
- 已实名认证。
- 最近 30 天，已发文数量大于 10 篇。
- 无违禁惩罚记录，包括但不限于抄袭、发布不雅内容、违反国家有关政策法规。
- 最近 30 天内没有"图文原创"标签的审核记录。

登录头条号 PC 端后台后，可以通过选择"我的权限"—"功能权限"，申请开通"图文原创"功能。如果"申请"按钮显示为灰色，不可单击，则意味着该头条号暂时不符合以上条件的至少一项。

开通今日头条原创的具体操作步骤如下。

（1）首先登录今日头条号，在"个人中心"下，选择"我的权益"，单击顶部的菜单栏的"账号权限"，查看"图文原创"是否开通，没开通的单击"申请"按钮开通，如图5-20所示。

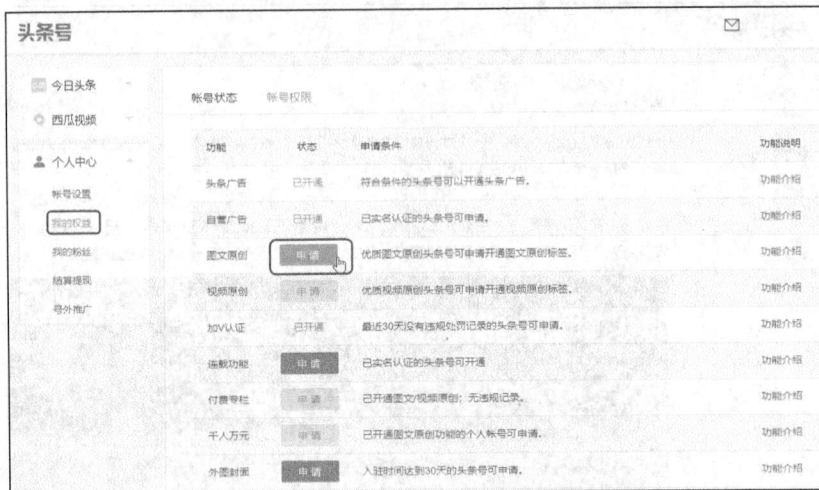

图5-20　单击"申请"按钮

（2）提交申请后，显示"待审核"，如图5-21所示。平台将在5个工作日内审核该账号资质和图文内容质量，并为符合标准的头条号开通"图文原创"功能。开通之后即可在发布原创图文内容时对文章添加"图文原创"标签。

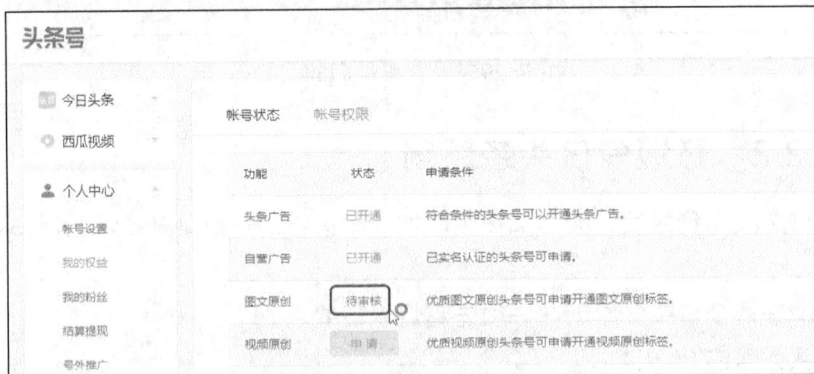

图5-21　显示"待审核"

▶▶▶ 5.2.3　今日头条审核机制

今日头条的审核机制包括机器审核和人工审核，以机器审核为主，人工审核为辅。机器和人工会对文章进行过滤，根据文章具体情况，决定是否通过审核。审核一般发生在几分钟内。文章只有通过审核后，才会进入推荐系统。

下面是文章没通过审核的一些常见原因。

1. 标题错误

标题不符合基本的语言规范，如含有错别字或者特殊的符号。标题含有特殊或敏感信息、冒用头条名义、涉嫌低俗内容等。

2. 正文错误

正文错误包括文章的格式和内容错误等，格式不能出现繁体字、英文等，影响阅读体验；内容上不能是旧闻。

3. 虚假故事

有些作者为了提高文章的点击量，编造一些虚假的故事，这样的文章是不会通过审核的。在今天的移动互联网传播环境下，弄虚作假的作者必然会遭到大众的唾弃。

4. 包含广告信息

发布的内容中不能有广告和推广信息，这是今日头条平台禁止的，不能含有二维码、电话号码、网址链接等推广信息。

有的作者写文章经常会带着商品的链接，在文章里添加推广信息，平台对于这样的文章是不会给予审核通过的。

5. 违规恶劣内容

有的作者发布的文章里包含大量的违规内容，读者阅读这样的文章会很反感、不舒服，平台也是不会审核通过的。

为了保护用户阅读体验，头条号作者需严格遵守文章审核规范，违规内容将被退回修改或直接不予推荐，部分严重违规内容还将触发惩罚条例。

6. 抄袭侵权

有些作者在写文章的时候直接把别人的文章拿来就用，也不做修改，直接将内容复制，然后粘贴后就发布，对于这样的文章平台是不会给审核通过的。

▶▶▶ 5.2.4　获得今日头条更多推荐

对于所有今日头条的作者来说，最关心的莫过于推荐量的问题，可是很多作者辛辛苦苦创作的内容却没有推荐量，阅读量更是微乎其微，如何获得今日头条更多推荐？

1. 面向用户的需求

不要寄希望于钻算法的漏洞，如标题党、封面党。对于所有在数据上表现较好的文章，今日头条推荐系统都是有复审流程的。作者应该面向用户的需求，发表一些高质量的文章。

2. 坚持优质的原创

现在各个平台越来越注重版权问题，所以原创度越来越重要。在发表原创内容的同时，还要有独特的切入角度，做到内容差异化，才能更容易获得推荐。不要做低质内容的无用功，今日头条整体对低质内容识别手段正在不断进化。

3. 优化标题

首次推荐，系统会先把文章推荐给可能感兴趣的用户，如果点击率高，再推荐给更多的相似用户，如果减弱到一定程度，推荐就结束。想要用户打开内容，那么吸引力是一定要具备的，首先要注意的就是标题的吸引力。

4. 关注热点

用户对于热点的关注度还是挺大的，所以作者在创作的时候也需要投其所好，创作用户喜欢的内容。

每个自媒体人所写的文章，都希望能够推荐给更多的人，所以文章标题和内容中能够包含读者所感兴趣的关键词，对文章阅读量的提升是有很大的帮助的。

5. 封面要有故事

很多作者选择封面都是比较随便的，其实封面十分重要。最好是能够单独设置封面，一般来说默认封面很难获得更多的推荐。封面清晰度要高，不要模糊，不要花屏，要做到主题鲜明。

▶▶▶ 5.2.5 撰写容易被推荐的标题

优质的标题可以帮助机器识别更多的关键词，使机器识别尽可能精准，从而实现个性化精准推荐。相反，如果标题低劣，机器无法识别精准，推荐的读者人群就会与实际目标人群有偏差，甚至产生较大差异。

什么样的标题容易被推荐？

（1）告知读者有价值的信息。

例如：

- 国内公认较好的 5 款 SUV，保值率非常高。
- 有人 2003 年错过淘宝开店，2008 年错过房地产投资，2020 年投资什么？

（2）提出有针对性的问题，引起读者好奇。

例如：

- 高德地图和百度地图相比，你认为哪个更好用？
- 在哪些城市能买到好房子？
- 都市圈大时代！34 个竞争者谁能胜出？

（3）体现名人身份信息。

例如：

- 马光远教授辟谣：从未说过 2019 年房价会跌三成！
- 尹建莉：春天来了，"放风筝"才是最好的作业。

（4）提出有情感力度的观点，引发读者共鸣。

例如：

- 你以为的富养不过是毫无原则的溺爱。
- 当我们养育男孩时，我们其实还在养育一个未来的"父亲"。

（5）分享实际体验经验，增强读者的信任度。

例如：

- 雪佛兰值不值得买？看看车主的真实自白。
- 我花了 5 万给小孩打疫苗，我所知道的疫苗常见问题全解析。

▶▶▶ 5.2.6 今日头条爆文标题的撰写方法

标题有没有吸引力、能不能抓住用户的眼球至关重要，能让人眼前一亮的文案标题是提高点击量的重要因素。一般来说，如果能换位思考，站在用户的角度思考，就更容易知道他们的需求。

常见的爆文标题撰写方法如下。

1．数字化

数字化标题，即将正文的重要数据或本篇文章的思路架构，整合到标题。数字化标题一方面可以利用吸引眼球的数据引起读者注意，另一方面可以有效提升阅读标题的效率。

例如：

- 10 个容易被忽略的 Excel 小技巧，超实用！
- 十大口碑较好的女鞋！
- 十大护肤品品牌有你家的吗？

2．借助名人

名人的事情是大众所关注的，几乎大部分广告都在利用名人效应。因为受众对名人的喜欢、信任，从而转嫁到对名人推荐产品的欢迎、信任。标题也可以借助名人来吸引公众的眼球，提高文章的阅读率。如果所宣传的事物或者产品能和名人产生关联，借助名人的影响力，会吸引不少读者的眼球。因此，如果标题中涉及专业人士或名人的观点，那么可以将其姓名直接加入到标题中。

例如：

- 向杰克·韦尔奇学商业管理。
- 马云谈雾霾，希望我真是外星人，能逃回我的星球。

3．热点化

热点化是指针对一些时下发生的事件发表评论，引起读者的广泛关注。体育赛事、热播影视剧、热销书籍等，都会在一段时间内成为讨论热点，登上各大媒体平台热搜榜。以此为文案标题创作源头，通过读者对社会热点的关注，引导读者对文案的关注，提高文案的点击率和转载率。

例如：

- 小丑鲜花情人节鲜花预定火爆。
- "双 11"捡漏，29 元护肤品抢到就是赚到。

4. 神秘化

人类的求知本能也让其更喜欢探索未知的秘密，于是揭秘的标题往往更能引发关注。

例如：

- 人类可以"长生不老"吗？
- 揭开微商月入百万背后的真相。

5. 稀缺化

超市某商品挂出"即将售罄"的牌子后，通常会引来一波哄抢。"双11"电商平台产品销量逐年上涨，也是由于平台商家约定"当日价格全年最低"。

对于稀缺的商品或内容，用户普遍容易更快做出决策，直接购买或点击浏览。因此，新媒体文案标题也可以通过提示时间有限或数量紧缺，提高正文阅读量。

例如：

- 快领，京东购书优惠券明天过期！
- 这篇文章今晚删除，不看亏大了。

6. 利益化

文案一般都是商家用来宣传产品、品牌的文章，所以一定要以"利"诱人，在标题中就直接指明产品利益点。

例如：

- 微商年收入15万元不是梦——我的奋斗历程。

7. 新鲜化

人们总是对新鲜的人、新鲜的事物感兴趣，把握住这个特征，创作出具有新闻价值的文案，往往会引发巨大的轰动，从而在网络传播过程中获得更多的转载。

例如：

- 2019大牌潮流抢先看，爱马仕、兰芝手袋，谁是你的"菜"？

8. 体验化

体验化语言能够将读者迅速带入内容营造的场景，便于文章后续的阅读与转化。每个读者所处的环境不同，看文章的心情也就不同。为了引导读者的情感，需要为读者营造场景，可以在标题中加入体验化语言，包括"激动""难受"等情感类关键词或"我看过了""强烈推荐"等行为类关键词。

例如：

- 一段小视频，上百万人都看哭了。
- 这一位很厉害的强迫症人士，我一定要推荐给你。

课后习题

1. 简述今日头条的营销技巧。
2. 如何让自己发布的内容得到今日头条平台的更多推荐？

第6章
短视频运营

通过学习本章内容，你将学到：
- 视频营销的趋势。
- 视频拍摄所需器材及后期处理软件。
- 收集新媒体短视频的技巧。
- 抖音平台的盈利模式。

短视频适合利用碎片化的时间阅读，信息量集中，也越来越吸引用户。抖音作为一个旨在帮助大众用户表达自我、记录美好生活的短视频分享平台，应用人工智能技术为用户创造丰富多样的玩法，让用户在生活中轻松快速地产出优质短视频。

6.1　视频营销的趋势

随着互联网、云计算与智能手机的发展，消费者对视频内容的获取变得容易，随时随地掏出手机观看视频已成常态。视频营销具有以下趋势。

1．短视频营销依然火爆

随着快手、火山小视频、好看视频、抖音、西瓜视频的走红，短视频迎来了大爆发。有趣、有内容的短视频更加受消费者的欢迎，将产品广告巧妙地植入其中，既不尴尬也不生硬，还能为产品带来一定的曝光甚至转化率。图6-1所示为产品广告植入的短视频。

2．用户对内容的要求更高

无论是短视频、自媒体、公众号还是传统的网络广告，对营销内容质量的要求都越来越高，单一枯燥、广告性较强的内容必将被逐渐淘汰。

3．内生广告成风向标

视频广告已经从贴片广告模式进入内生广告时代。内生广告超脱了传统广告模式的局限。相比用户体验差的贴片广告和用户感知度较低的植入广告，内生广告是基于内容而衍生的新型广告模式。图6-2所示为内生广告。

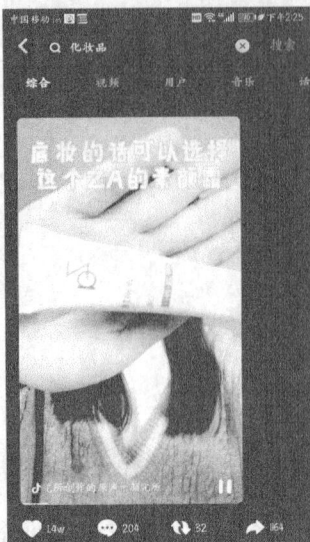

图 6-1　产品广告植入的短视频

图 6-2　内生广告

4．垂直短视频主攻年轻族群

短视频受众越来越年轻化，相较于单一讲述品牌故事的广告内容，结合声音、动作、表情于一体的短视频更走心，更具备触动年轻用户心扉的内容表达力。

5．高分享性和互动性

短视频广告的高分享性和互动性赋予了品牌病毒式营销，内容足够有趣就会天然带动用户自发分享，增强了品牌的宣传效果，如图 6-3 所示。

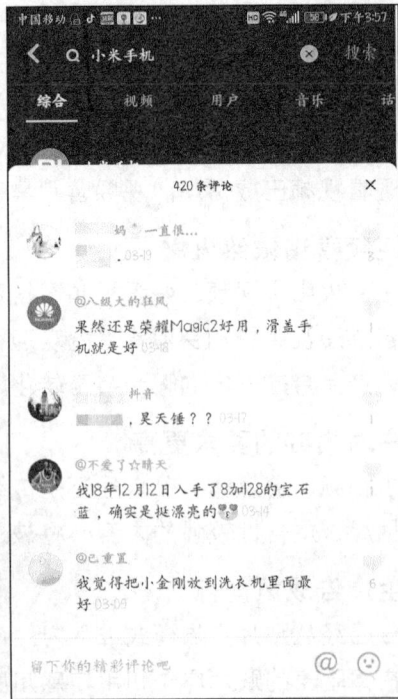

图 6-3　高分享性和互动性

6. 全网营销是必经之路

当前网络营销竞争激烈，单一的网络营销方式已经逐渐不能满足企业的需要，视频营销、整合营销就成为其必争的营销方式。将一系列的营销方式汇总，有条不紊地进行全网营销，从而获得流量的最大化。

6.2 视频拍摄

抖音的火爆带动了短视频行业的发展，越来越多的人投入短视频行业中。视频拍摄需要一定的专业技巧，下面介绍视频拍摄的基础知识。

▶▶▶ 6.2.1 拍摄器材

对于视频拍摄新手来说，他们并不需要购买高端的摄像机等专业的拍摄器材。因为现在手机的拍摄功能已经很强大了，特别是 iPhone、华为等高端机型，基本可以满足新手的拍摄需求。在初期资金紧张的情况下，可以使用手机来代替摄像机进行拍摄。对于专业的视频拍摄，需要的器材如下。

1. 摄影器材

新手对于一些拍摄基本技巧或摄影知识并不是很了解，而且购买专业的摄影器材要花费大量资金，所以可以使用手机拍摄视频，如苹果、华为、OPPO 等手机的拍摄视频功能十分强大。

专业的拍摄也可以考虑使用单反相机。机型的选择需要根据自身情况而定，通常 8000元左右的机型基本可以满足抖音的拍摄需求。如果有其他特别专业的拍摄需求，再考虑高端机型。

2. 音频器材

音频器材主要是话筒，录音一般需要话筒和声卡，如果只是使用手机拍摄，只需购买一个专业的话筒就可以了，一般手机都配备了耳机和录音功能。

3. 灯光器材

灯光是整个画面质量中的关键因素。一般来说，新手刚开始拍摄短视频时，不是很讲究布光的技巧和原则，尽量把拍摄画面照亮，做到光线均匀就可以了。

一般为了保证更好的拍摄效果，尽量配光源，普通用户可以选择柔灯箱，这类器材的价格较低。预算充足的话，还可以考虑搭配几个 LED 灯，这样拍出来的视频效果会更好，如图 6-4 所示。

4. 支架器材

拍摄的时候，往往需要固定镜头，单纯靠人的身体、手臂是不行的，这个时候就需要借助三脚架，三脚架也是拍摄视频时非常重要的器材，如图 6-5 所示。

图 6-4　灯光器材

图 6-5　三脚架

▶▶▶ 6.2.2　后期处理工具

短视频拍好之后，由于光线、器材等原因，会出现各种各样的瑕疵，这时就需要用到视频后期处理工具。下面介绍几款常用的短视频后期处理工具。

1. 云美摄短视频剪辑软件

云美摄短视频剪辑软件具有强大的美颜功能，可以用来直接拍摄视频，然后再经过剪辑加字幕等工作，最后完成视频的制作并上传到抖音平台，如图 6-6 所示。

图 6-6　云美摄短视频剪辑软件

2. VUE 视频相机

VUE 视频相机是一款专门针对视频拍摄所打造的一个相机 App，该软件有丰富的视频功能，如滤镜、贴纸、剪辑等，用户可以通过 VUE 视频相机轻松打造一个自己想要的短视频，适合新手操作，入手门槛较低，如图 6-7 所示。

3. 快剪视频剪辑大师

快剪视频剪辑大师是一款可以为用户提供便捷的剪辑体验的视频处理软件，没有复杂的流程，用户使用它可以快速地完成视频的剪辑、字幕的添加、基础特效的制作等方面的工作，如图 6-8 所示。

图 6-7　VUE 视频相机

图 6-8　快剪视频剪辑大师

6.3　收集新媒体短视频

研究数据表明，人类大脑处理可视化内容的速度要比纯文字快 60000 多倍。从生理角度的人体本能来分析，人们更乐于接受短视频。那么怎样收集新媒体短视频呢？

▶▶▶ 6.3.1　获取微信文章内的视频链接

微信文章内的视频，通常来自腾讯视频。因此，获取微信文章内视频的直接方式是在腾讯视频中搜索。但是视频标题很可能与微信文章的标题完全不同，导致无法被检索到。要解决这一问题，可以采用浏览器获取的方式。

（1）在计算机上用浏览器打开图文消息。

（2）在网页任意地方用鼠标右键单击，在弹出的快捷菜单中选择"查看网页源代码"命令，进入代码窗口。

（3）按"Ctrl+F"组合键进行页面搜索，搜索关键词"v.qq.com"，即可查找到图文消息中视频的链接。

▶▶▶ 6.3.2 导出朋友圈视频

新媒体人需要具备对素材随时保存的习惯。在翻阅微信朋友圈时，好的短视频可以收藏或下载，留存备用，在使用时要征得视频制作者的同意或授权。

将微信朋友圈视频导出的方法如下。

（1）使用手机的"保存视频"功能。打开朋友圈视频，长按视频播放界面，在弹出的菜单中选择"保存视频"选项，视频屏幕下方会提示保存位置，如图6-9所示。

图6-9　保存视频

进入文件管理界面，可以看到手机保存的视频。进入手机相册，也可以看到已保存至相册的视频，如图6-10所示。

（2）将视频发送至PC端。在PC端上登录微信，并在移动端登录同一个微信账号，通过移动端微信"文件传输助手"选择视频发送至PC端，如图6-11所示。

图6-10　手机相册保存的视频

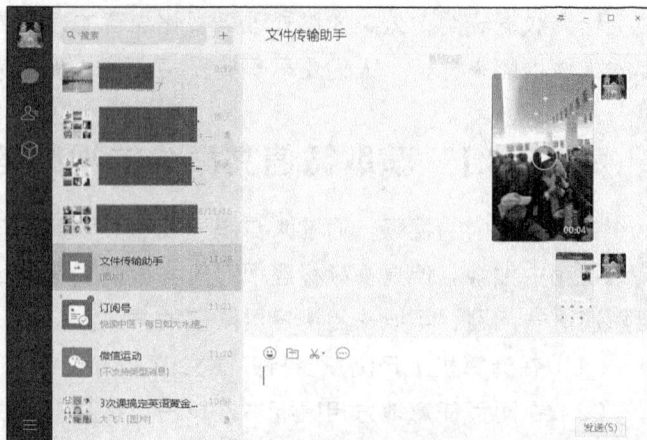

图6-11　将视频发送至PC端

在 PC 端接收视频后，用鼠标右键单击视频，在弹出的快捷菜单中选择"另存为"命令，即可将视频导出至 PC 端，如图 6-12 所示。

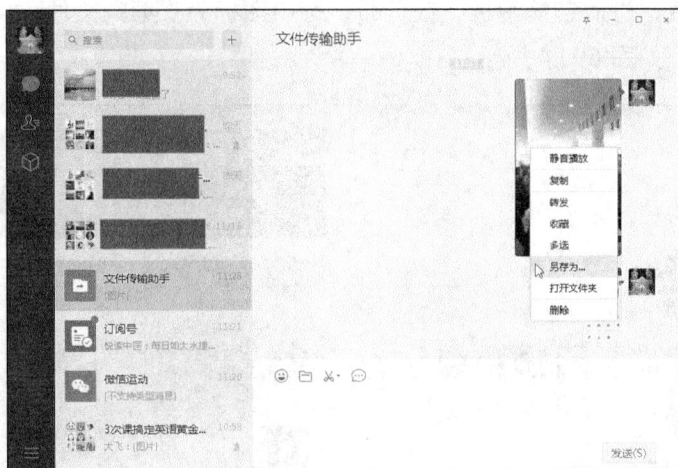

图 6-12　选择"另存为"命令

▶▶▶ 6.3.3　保存微博视频

微博视频下载与微信不同，无论是在移动端还是 PC 端，微博都没有"保存视频"按钮，下载微博视频需要借助其他应用。将微博视频保存至 PC 端的方法如下。

（1）复制包含视频的微博链接。在微博中打开包含下载视频的微博，点击微博右上角的"···"图标，在下方弹出的界面中点击"复制链接"，如图 6-13 所示。

图 6-13　点击"复制链接"

（2）在手机应用市场软件中搜索并下载"GetThemAll"应用。打开 GetThemAll 应用把微博链接粘贴进应用浏览器中（需要登录微博），打开链接后视频的右下角自动出现🔽图标，点击即可进行下载，进入链接解析下载页面，选中图标为视频的文件，点击右下角⬇图标即可下载该视频，如图 6-14 所示。

图 6-14　下载视频

（3）查看并导出视频。点击应用下方的"Files"，可以查看已经下载完成的视频。安卓手机播放后即可直接在手机"图库"中查看下载的视频，并支持通过移动端微信"文件传输助手"功能，发送至 PC 端。

6.4　抖音平台的盈利模式

互联网时代，有用户有流量就能获得经济效益。任何不能变现、没有盈利模式的运营都是浪费，抖音平台作为短视频领域的引导者，有哪些盈利模式呢？

▶▶▶ 6.4.1　电商模式

用户在抖音上花费的时间可以转化为强大的购买力。用户在观看短视频过程中呈现放松的状态，在这种状态下，用户非常容易接收植入的广告信息。

例如，餐饮、民宿等实体店做抖音推广，以"探店"推广为主，展示产品、环境与服务细节，带动同城网友进店消费。图 6-15 所示为某餐饮店通过在抖音平台发布短视频，吸引了大量的同城用户进店消费。

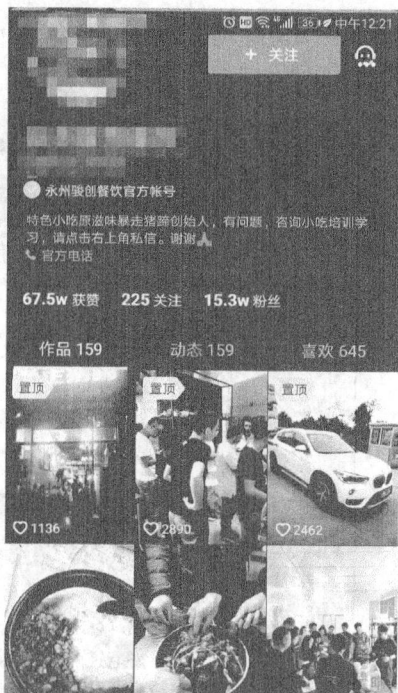

图 6-15 通过发布抖音短视频吸引了大量的同城用户进店消费

一般来说，粉丝低于 200 万人的抖音号，可以用来经营品牌商广告和电商广告；粉丝高于 200 万人的抖音号，可以考虑"达人"开店，让他们卖自己的同款产品。

抖音平台降低开放购物车的标准后，在很多百万级用户关注的抖音号中，短视频底端出现了购物车按钮，如图 6-16 所示。点击购物车按钮即可弹出商品对话框，如图 6-17 所示。点击"去看看"按钮直接跳转到淘宝店铺。

图 6-16　短视频底部出现购物车按钮

图 6-17　点击"去看看"按钮

在一些关注的用户比较多的抖音号中，也有"TA的商品橱窗"导航，直接引导用户到商品橱窗购买产品，如图6-18和图6-19所示。

图6-18　单击"TA的商品橱窗"导航

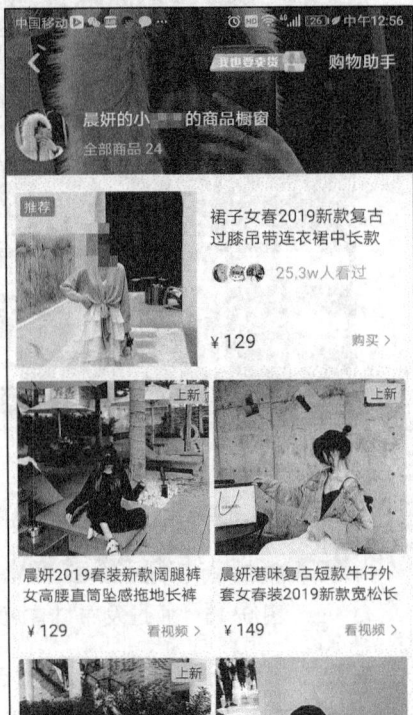

图6-19　商品橱窗

▶▶▶ 6.4.2　广告模式

经营广告也是抖音目前主要的盈利模式。一般是通过软广告植入等巧妙的方式进行品牌合作营销。目前垂直账号最容易变现，如美妆、测评类账号，基本上这类账号有超过10万关注的用户，可以获取较高的广告收入。

抖音的广告优势包括以下几方面。

（1）优质的用户资源。抖音用户以"95后""00后"为主，这类用户生活优越，思想独立，接受新鲜事物能力强。

（2）智能社交，用户黏性好。抖音的智能社交特性强化了创作者与用户之间的关系，构建了抖音短视频内容的智能社交生态，有助于提升用户黏性。

（3）个性化营销。广告主可以将广告的产品特性与短视频轻松娱乐的内容巧妙结合，将内容等同于广告，通过软性广告的方式向用户传递广告信息，故事性的情节更生动形象，在吸引用户的同时，更易增强用户的接受度，如图6-20所示。

（4）互动性强。抖音短视频以音乐为切入点，搭配舞蹈、表演等内容的创意表达形式，为用户创造了丰富多样的玩法，进行广告植入，内容带动人气，广告主还可以在抖音社区与众多用户互动，广告转化高，图6-21所示为互动性强的抖音短视频。

（5）名人资源。抖音特有的社交模式吸引了更多名人以及明星入驻。

图 6-20 个性化营销

图 6-21 互动性强的抖音短视频

▶▶▶ 6.4.3 达人直播付费模式

抖音有两大流量入口，一个是短视频，另外一个就是达人直播。相比短视频，达人直播互动的即时性更强，用户与达人可以直接通过直播平台进行交流。达人也可随时根据用户意见调整直播内容，用户可以为自己喜欢的达人进行直播打赏。

开直播也是一种盈利模式，用户通过购买抖币打赏主播，主播通过获得打赏礼物就可以获得音浪，而音浪可以直接提现为人民币。除了用户赠抖币，有一技之长的达人还可以通过直播直接卖货，或给自己做其他方面的导流。图 6-22 所示直播付费模式。

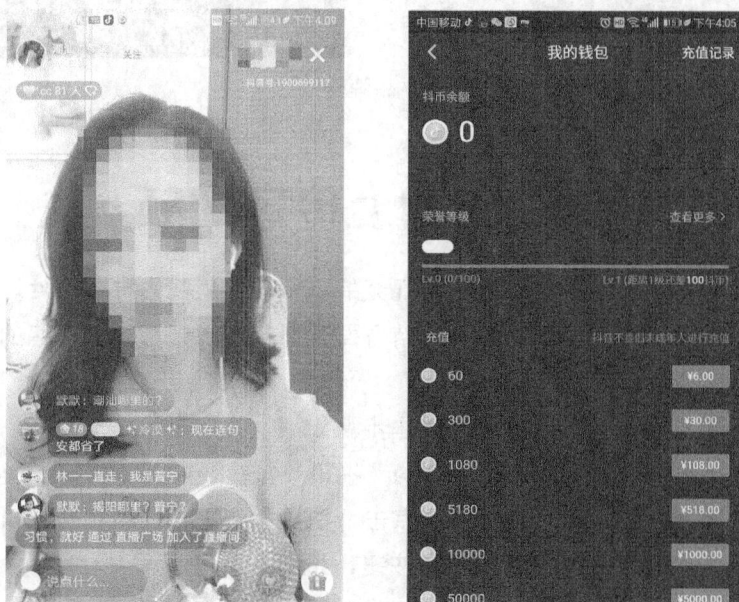

图 6-22 直播付费模式

▶▶▶ 6.4.4 品牌企业宣传

在传播形式日益多元化的今天，越来越多的品牌主发现了抖音的营销宣传价值。抖音独特的短视频模式，让许多品牌形象变得立体化，品牌借助抖音平台增加传播的互动性、趣味性，也使影响力更有穿透力，比电视广告更能打动消费者。

大品牌因为销售渠道众多，利用抖音以宣传为主，作用在于提醒消费者复购而非直接成交，所以一般是以曝光度、点击率等为主要考核目标，对销售额不做硬性要求。

图 6-23 所示的小米手机是品牌中较早使用抖音做宣传的，目前小米手机在抖音已经拥有 340 万用户的关注，通过拍摄抖音短视频，宣传了品牌形象。

图 6-23　品牌企业宣传

6.5　利用抖音拍摄和上传短视频

抖音短视频是今日头条旗下可以拍短视频的音乐创意短视频社交软件。抖音短视频的商业潜力巨大，无论是在广告植入还是电商方面，抖音短视频都有着极好的平台优势和流量优势。

利用抖音拍摄和上传短视频的具体操作步骤如下。

（1）打开抖音短视频 App，点击底部的"拍摄"按钮，如图 6-24 所示。

（2）即可随手拍摄短视频，拍摄完毕点击"拍摄"按钮右侧的对号，如图 6-25 所示。

（3）点击界面中右下角的"下一步"按钮，如图 6-26 所示。

（4）打开"发布"界面，点击底部的"发布"按钮，如图 6-27 所示。

图 6-24　点击"拍摄"按钮

图 6-25　拍摄视频

图 6-26　点击"下一步"按钮

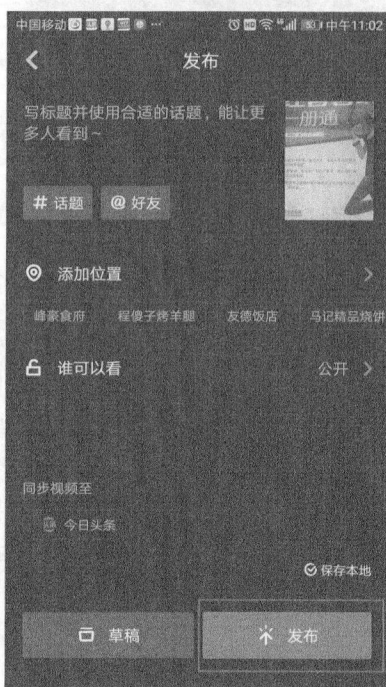

图 6-27　点击"发布"按钮

（5）显示"上传中"，如图 6-28 所示。

（6）点击界面中右下角的"上传"按钮，如图 6-29 所示。

（7）打开"上传"界面，点击选择想要上传的视频文件，如图 6-30 所示。

（8）点击界面右上角的"下一步"按钮，如图 6-31 所示。

图 6-28　上传中

图 6-29　点击"上传"按钮

图 6-30　选择想要上传的视频文件

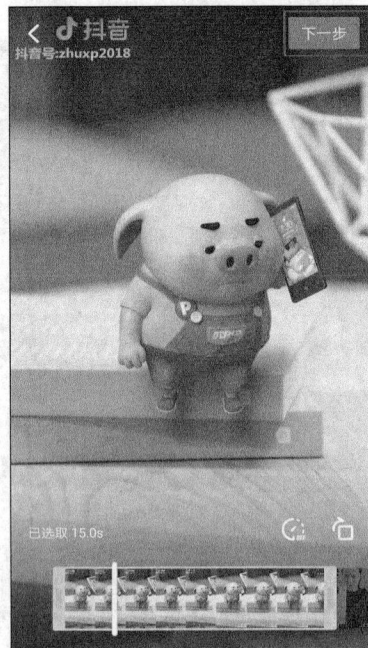

图 6-31　点击"下一步"按钮

（9）点击右下角的"下一步"按钮，如图 6-32 所示。

（10）打开"发布"界面，点击右下角的"发布"按钮，如图 6-33 所示。

（11）提示"上传中"，如图 6-34 所示。

（12）提示"上传成功！你可以分享到:"，在下面的列表中可以选择分享到私信好友、朋友圈、微信、QQ 空间、QQ 等平台，如图 6-35 所示。

图 6-32　点击"下一步"按钮

图 6-33　点击"发布"按钮

图 6-34　上传中

图 6-35　上传成功！你可以分享到！

6.6　热门短视频打造技巧

抖音短视频平台本身的流量是非常大的，如果视频资源比较优质，上传后的视频半小时之内就能有几百万的播放量；如果视频资源比较一般，上传后的视频可能没人点赞，也没有评论，自然也没多少播放量。

在抖音短视频平台，哪怕没有任何名气，没有一个用户关注，完全零流量，也可以在很短的时间内打造出一个百万精准用户的大号。什么样的短视频容易上热门呢？

1.　优质原创内容

在抖音短视频平台上，优质内容为王，好的内容是非常关键的，能吸引很多用户的眼球。视频尽量拍摄时长为 15 秒，越长的视频，权重越大，而且视频清晰度越高越好，不要有水印和马赛克。

很多人觉得自己拍摄视频很麻烦，于是搬运别人的视频，抖音短视频平台有很强的原创识别能力，原创的视频获得推荐的概率较大。图 6-36 所示的抖音号原来关注的用户只有几十个，获赞不超过 1000，自从发布了一个优质原创的视频内容后，吸引粉丝点赞 14.7 万，评论达 1.4 万。

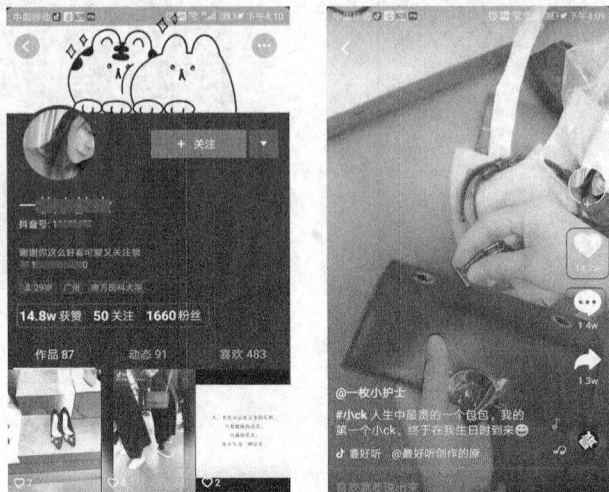

图 6-36　优质原创的视频

2．配音合理

很多热门的短视频配音都非常契合视频内容节奏，能够提高视频观看时长，以及点赞率，这也是短视频上热门的重要因素。图 6-37 所示为选择音乐。

3．地点定位

发布短视频之前，可以定位当前手机地点，选择热门地点，会引起附近用户的共鸣，为短视频点赞，这也是个不错的引流方式，如图 6-38 所示。

图 6-37　选择音乐

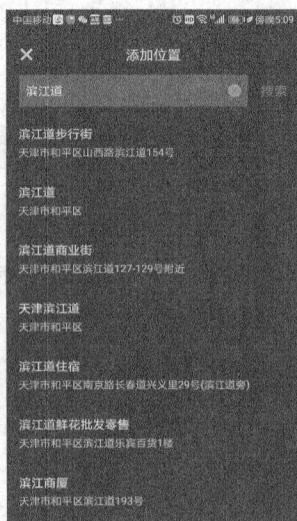

图 6-38　地点定位

4. 点赞数量

点赞数量是指抖音短视频右侧的心形形状下方的数值，点击一下（或者双击屏幕），就会增加一个点赞量，点赞量越多，越有利于短视频上热门。

5. 评论数量

多看同行视频的评论，找到引导用户评论的方法，评论越多越有利于上热门。不要随意删除视频评论，当然负面或广告评论可以删除。

6. 发布时间

选择在用户上网的高峰时间段发布视频，此时会有更多的人能够看到视频，如中午的11:00-13:00，晚上的 20:00-22:00，这是用户上网的两个高峰时间段。

◥ 课后习题 ●●●

1．简述视频拍摄的器材及其注意事项。
2．如何收集新媒体短视频？
3．简述抖音平台的盈利模式。

第7章
手机淘宝开店

通过学习本章内容，你将学到：
- 淘宝店铺的设置与优化。
- 手机淘宝店铺装修。
- 淘宝店铺商品管理。
- 淘宝店铺物流管理。
- 淘宝店铺评价管理。
- 淘宝店铺移动端营销。

随着移动互联网的发展，移动电商越来越火爆，越来越多的人看好移动电商行业的前景，开始在手机淘宝开店。在过去两年，手机淘宝被阿里巴巴作为在移动端的战略重心，主要体现在商品浏览、检索、交易、沟通等环节。手机淘宝通过简化用户移动端的购物流程，面向移动场景开发了新功能，如拍照购、语音搜索、摇一摇等。

7.1 店铺的设置与优化

设置与优化店铺不仅可以使卖家的店铺更加美观，而且还能表现出卖家对店铺的重视程度，使消费者觉得卖家是在用心经营，从而提升买家对店铺的好感。

7.1.1 店铺的基本设置

淘宝店铺开店的具体操作步骤如下。

（1）登录淘宝网，进入卖家中心，单击"店铺管理"下的"店铺基本设置"，如图7-1所示。

（2）设置店铺的名称，单击店铺标志下面的"上传图标"按钮，如图7-2所示。

（3）打开"打开"对话框，在对话框中选择想要上传的图片，单击"打开"按钮，如图7-3所示。

图 7-1 单击"店铺基本设置"

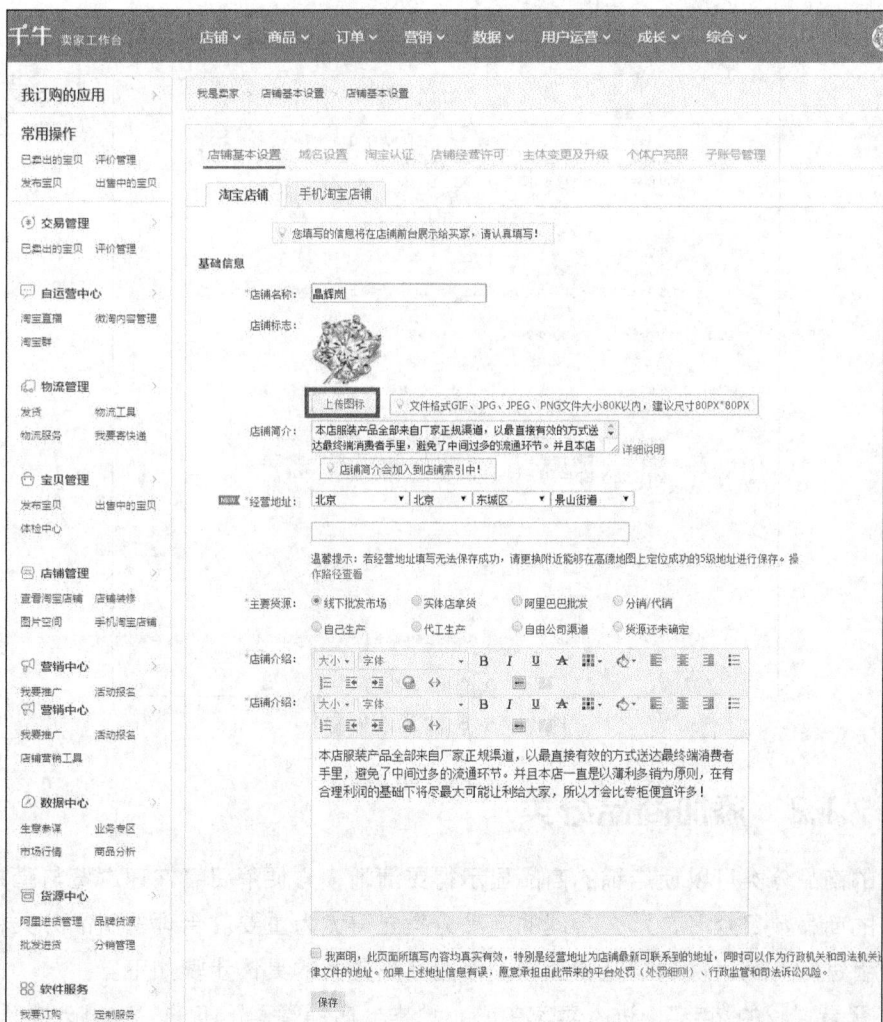

图 7-2 单击"上传图标"按钮

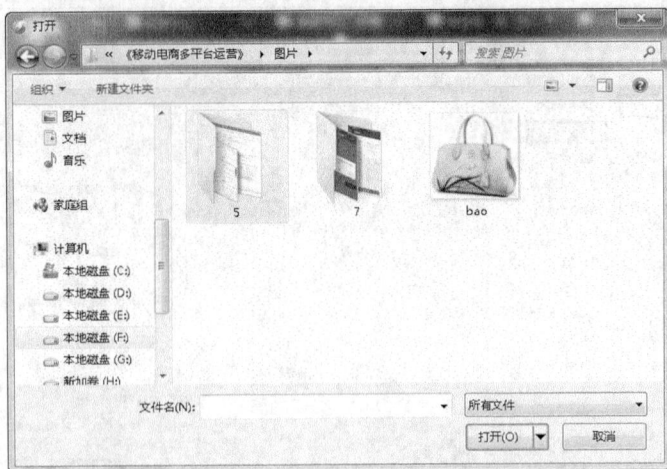

图 7-3 "打开"对话框

（4）开始上传店铺标志，然后设置经营地址、主要货源、店铺介绍，如图 7-4 所示。设置完毕后，单击"保存"按钮即可。

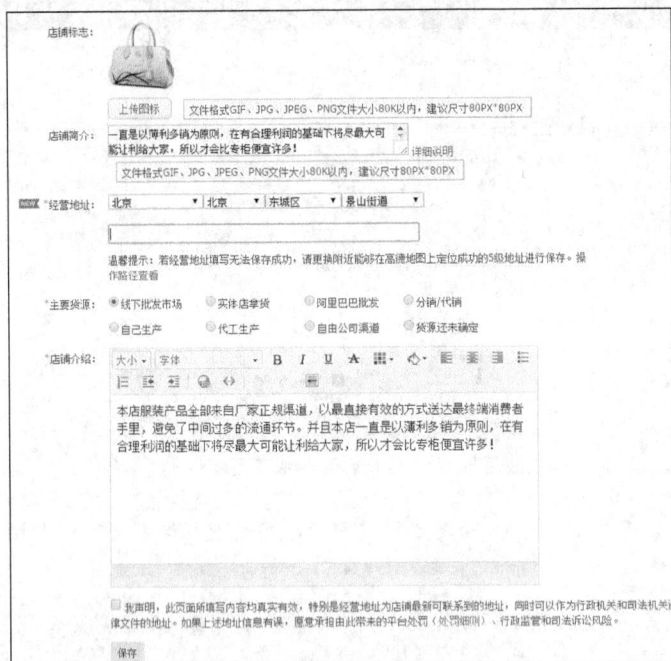

图 7-4 店铺基本设置

▶▶▶ 7.1.2 添加商品分类

合理的商品分类可以使店铺的商品显示得更清晰，方便消费者快速浏览与查找。如果店铺发布的商品数目众多，那么合理的商品分类显得尤为重要。合理的商品分类将会大大方便消费者进行有针对性的浏览和查询。设置商品分类的具体步骤如下。

（1）登录"我的淘宝"，进入卖家中心，单击"店铺管理"下的"宝贝分类管理"，如图 7-5 所示。

图 7-5　单击"宝贝分类管理"

（2）打开图 7-6 所示的页面，单击页面顶部的"添加手工分类"按钮。

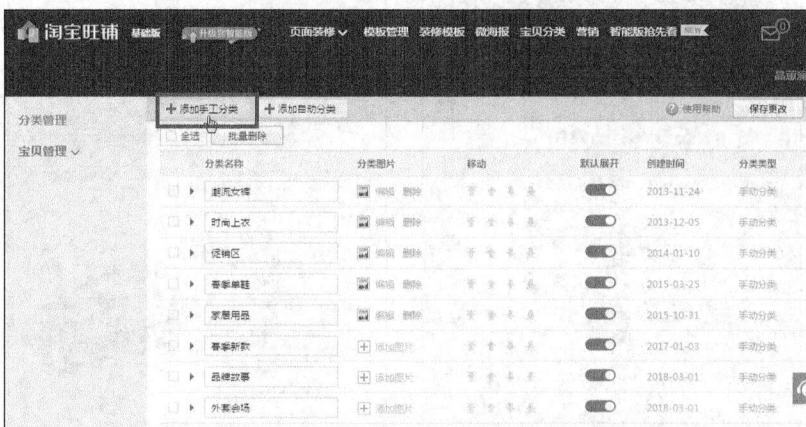

图 7-6　单击"添加手工分类"按钮

（3）在页面的底部会出现商品分类的文本框，在文本框中输入分类名称，如图 7-7 所示。单击页面右上角的"保存更改"按钮即可保存新建的商品分类。

图 7-7　输入分类名称

7.2 手机淘宝店铺装修

现在，越来越多的消费者使用手机淘宝进行购物，移动端淘宝的流量已经远超 PC 端，所以每一位卖家都应该开通手机淘宝。

▶▶▶ 7.2.1 手机淘宝店铺装修注意事项

2018 年天猫"双 11"全天总交易额突破 2137 亿元，其中移动端交易额占比超过 80%。重视手机淘宝，就要从手机淘宝店铺的装修做起。图 7-8 所示为某手机淘宝店铺首页。

图 7-8　某手机淘宝店铺首页

手机淘宝店铺装修需要注意如下事项。

• 为了节省时间，很多卖家把 PC 端的店铺图片直接用在手机淘宝店铺上。这种做法不可取，因为手机淘宝上的图片尺寸是有限制的，这样做会导致图片中的字体显示不清晰、图片显示不全。

• 由于手机淘宝店铺的显示页面大小受手机屏幕尺寸的影响，为了引起消费者的注意，应该把促销活动和热卖商品放在显眼的位置。

• 为了进行视觉营销，在装修手机淘宝店铺时，色彩、风格要保持一致。色彩过于刺眼容易造成消费者的反感，因此在装修手机淘宝店铺时，应该注意色彩的搭配。

▶▶▶ 7.2.2 手机淘宝店铺首页装修

当消费者访问手机淘宝店铺时，店铺首页的信息展示是非常重要的，它在很大程度上影响了消费者是否停留。一个好的店铺首页对店铺的发展起着重要的推动作用。

　　店铺首页装修的目的在于降低跳失率、提高转化率、提升访问深度。虽然很多消费者是通过商品详情页进入店铺的，但是如果消费者对店铺的产品感兴趣，一般会来到店铺首页看看其他产品，然后再做决定。因此，店铺首页的装修至关重要。

　　在淘宝业务逐渐向移动端倾斜的大趋势下，要想提高手机淘宝店铺的成交率，店铺装修是必不可少的。手机淘宝店铺首页装修的具体操作步骤如下。

　　（1）打开淘宝网，单击右上方的"卖家中心"，如图7-9所示。

图7-9　单击"卖家中心"

　　（2）进入"卖家中心"页面，单击左侧"店铺管理"下的"手机淘宝店铺"，如图7-10所示。

图7-10　单击"手机淘宝店铺"

　　（3）单击无线店铺下面的"立即装修"选项，如图7-11所示。

图 7-11　单击"立即装修"选项

（4）进入"无线运营中心"页面，单击"无线店铺"→"店铺装修"→"装修手机淘宝店铺"→"店铺首页"，如图 7-12 所示。

图 7-12　准备装修手机淘宝店铺首页

（5）进入"手机淘宝店铺首页"界面，选择"模板"，然后单击"试用模板"按钮，如图 7-13 所示。

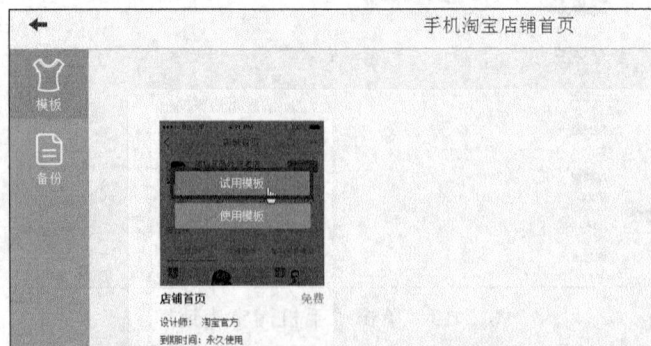

图 7-13　单击"试用模板"按钮

（6）选择"宝贝类"下面的"智能单列宝贝"，长按鼠标左键将其拖曳到中间的编辑区，在右侧的单列商品模块中可以设置店铺名称、无线地址、新版店招图片、店招图片链接和新版导航颜色等，如图7-14所示。

图7-14　设置智能单列宝贝

▶▶▶ 7.2.3　购买无线店铺装修模板

淘宝网为卖家提供了无线店铺装修模板，在帮助卖家提高网店产品销量的同时，也提升了消费者的浏览体验。当商家购买了单个模板后，可自由使用该模板。

购买无线店铺装修模板的具体操作步骤如下。

（1）进入"无线运营中心"页面，单击"装修市场"，如图7-15所示。进入"无线店铺模板"页面，如图7-16所示。

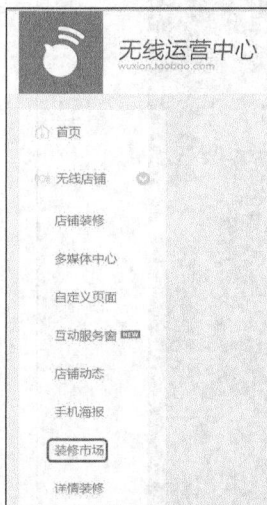

图7-15　单击"装修市场"

图7-16　"无线店铺模板"页面

（2）选择合适的模板后，单击"立即购买"或"马上试用"按钮，如图 7-17 所示。建议先选择试用进行效果预览。

图 7-17　单击"立即购买"或"马上试用"按钮

（3）进入试用环境后，可自由调整试用模板中的模块顺序，如图 7-18 所示。试用满意后可进行购买。所有使用期限内的模板都会在无线运营中心后台展示。

图 7-18　试用模板

7.3　商品管理

要想在淘宝网上开店，首先要做的就是发布自己店铺的商品了。店铺里面有商品，才可以销售商品。

▶▶▶ 7.3.1　发布商品

卖家可以直接发布商品，也可以使用"淘宝助理"发布商品。本实例将讲述在淘宝网上直接发布商品，具体操作步骤如下。

（1）登录淘宝网，进入"卖家中心"界面，单击"宝贝管理"下的"发布宝贝"超链接，如图 7-19 所示。

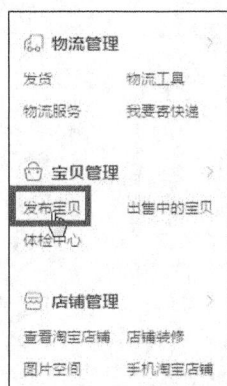

图 7-19　单击"发布宝贝"超链接

（2）进入"一口价"发布商品页面，选择商品的类目，单击"我已阅读以下规则，现在发布宝贝"按钮，如图 7-20 所示。

图 7-20　选择商品类目

（3）进入"商品发布"界面，根据提示输入所发布商品的宝贝类型、宝贝标题、类目属性、销售信息等信息，如图 7-21 所示。

图 7-21　设置商品基本信息

（4）单击"宝贝主图"下面的"添加上传图片"按钮，即可上传商品图片，如图 7-22 所示。

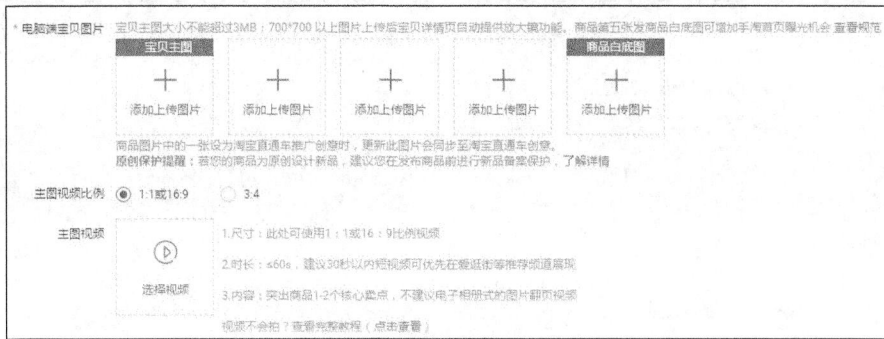

图 7-22　上传商品图片

（5）接着输入"电脑端描述"和"手机端描述"信息，如图 7-23 所示。

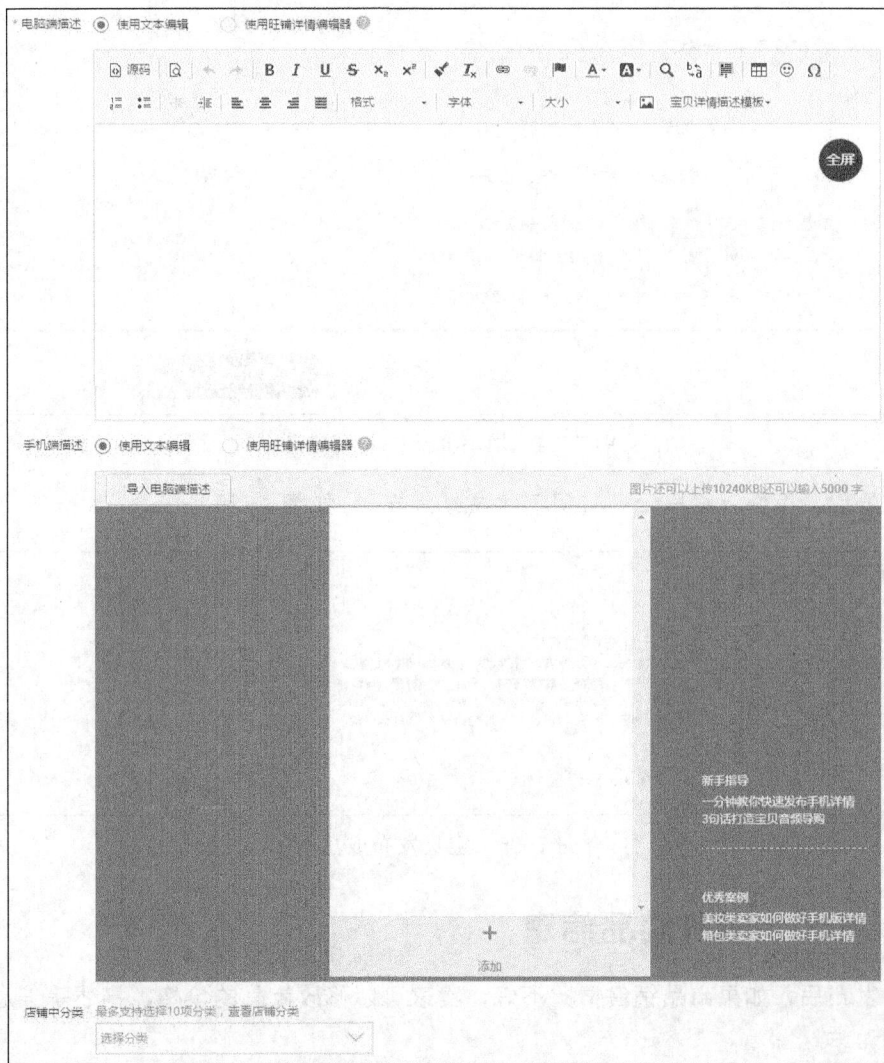

图 7-23　输入描述信息

（6）填写支付信息、物流信息和售后服务信息，并单击"提交宝贝信息"按钮，如图
7-24 所示。

图 7-24　填写商品的其他信息

（7）最后，页面上将显示"宝贝已经成功发布"，如图 7-25 所示。

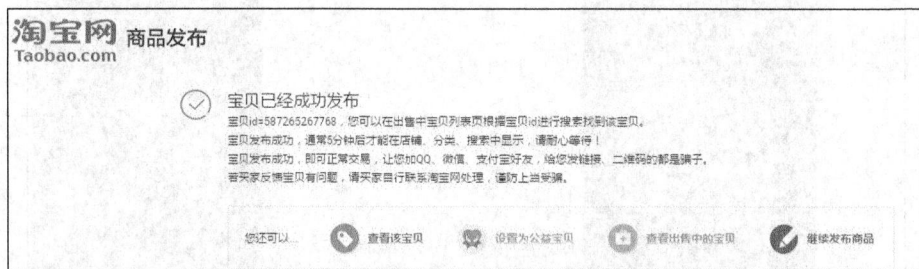

图 7-25　宝贝发布成功

▶▶▶ 7.3.2　修改商品信息

商品发布后，如果商品销售情况不好，卖家可以修改商品的价格、描述等信息，具体操作步骤如下。

（1）登录"我的淘宝"，进入"卖家中心"界面，单击"宝贝管理"下面的"出售中的宝贝"超链接，如图 7-26 所示。

（2）打开"千牛卖家工作台"页面，单击商品后面的"编辑宝贝"，如图 7-27 所示。

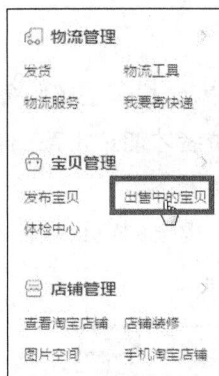

图 7-26　卖家中心

图 7-27　单击"编辑宝贝"

（3）打开"商品发布"页面，可以在此页面修改商品信息，如图 7-28 所示。

图 7-28　修改商品信息

▶▶▶ 7.3.3 修改运费

消费者购买商品一般都是要付运费的，但是如果一次性买得多，卖家会提供包邮服务；如果消费者拍下商品后仍显示有运费，就需要卖家修改物流费用，消费者才能拍下商品付款。那么消费者拍下商品后，淘宝卖家怎么修改运费呢？其具体操作步骤如下。

（1）登录"我的淘宝"，单击页面右上角的"卖家中心"下的"已卖出的宝贝"超链接，如图 7-29 所示。

图 7-29　单击"已卖出的宝贝"超链接

（2）进入"千牛卖家工作台"界面，单击右下角的"修改价格"超链接，如图 7-30 所示。

图 7-30　单击"修改价格"

（3）打开图 7-31 所示的页面，在"快递"下面的文本框中修改快递价格，或者单击"免运费"按钮直接免运费。修改完毕后，单击"确定"按钮。

图 7-31　修改快递价格

（4）修改运费成功，如图 7-32 所示。

图 7-32　修改运费成功

▶▶▶ 7.3.4　商品下架和上架

商品下架的具体操作步骤如下。

（1）登录"我的淘宝"，进入"卖家中心"界面，单击"宝贝管理"下面的"出售中的宝贝"超链接，如图 7-33 所示。

（2）打开"千牛卖家工作台"页面，选中商品前面的复选框，单击"下架"按钮，如图 7-34 所示，即可完成商品的下架。

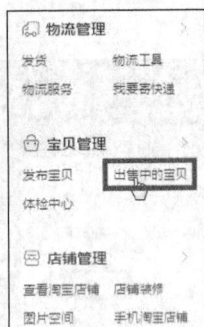

图 7-33　单击"出售中的宝贝"超链接

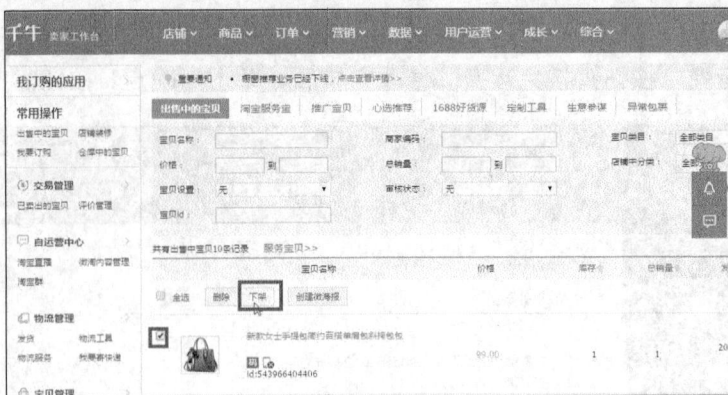

图 7-34　下架商品

商品上架的具体操作步骤如下。

（1）单击"卖家中心"页面左侧的"宝贝管理"下面的"仓库中的宝贝"超链接，如图 7-35 所示。

（2）打开"千牛卖家工作台"页面，选中商品前面的复选框，单击"上架"按钮，即可完成商品的上架，如图 7-36 所示。

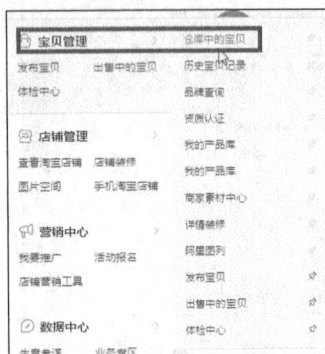

图 7-35　单击"仓库中的宝贝"超链接

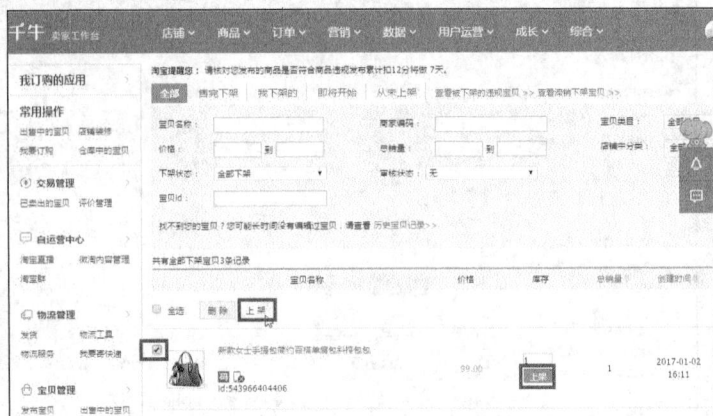

图 7-36　单击"上架"按钮

7.4　物流管理

在出售商品的过程中，卖家还要通过物流把商品送到消费者手中，因此，卖家还需要学会选择物流发货和物流查询。

▶▶▶ 7.4.1　选择物流发货

消费者付款后，此时所卖商品的交易状态会变成"买家已付款"，此时卖家可以联系物流提供发货服务，具体操作步骤如下。

（1）在"已卖出的宝贝"页面，在要发货的商品后面单击"发货"按钮，如图 7-37 所示。

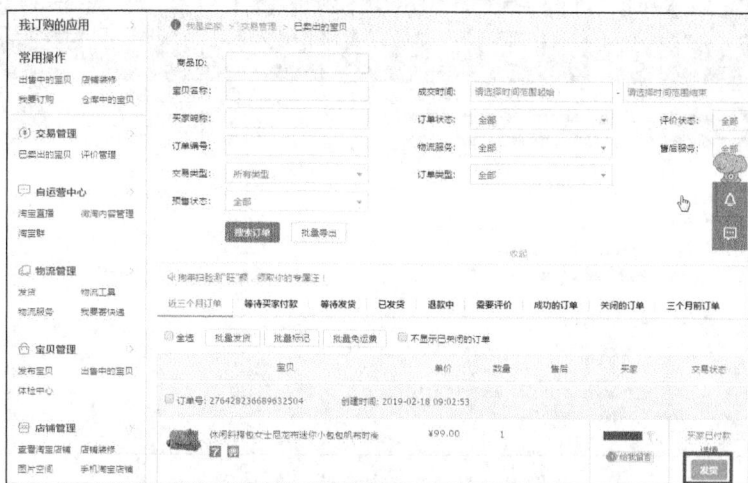

图 7-37　进入发货页面

（2）进入发货页面，确认收货信息及交易详情，如图 7-38 所示。

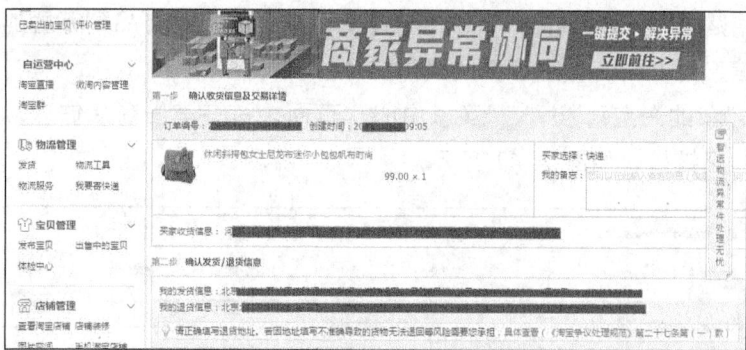

图 7-38　确认收货信息及交易详情

（3）选择要使用的快递公司，使用在线下单服务，选择相应的物流服务，输入运单号码，单击"确认"按钮，如图 7-39 所示，即可完成物流信息的填写，如图 7-40 所示。

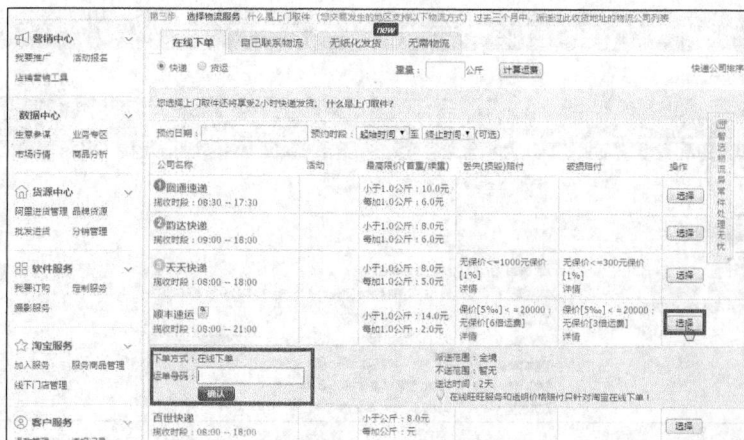

图 7-39　选择物流

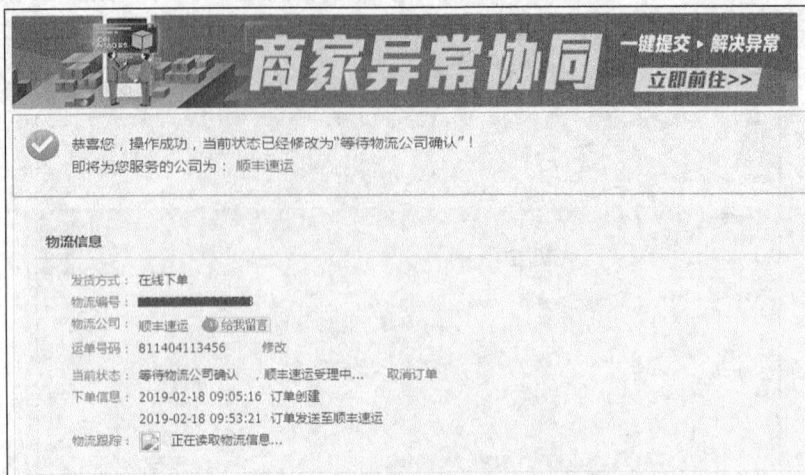

图 7-40　完成物流信息的填写

>>> 7.4.2　物流查询

物流是网络购物不可缺少的一部分，当消费者询问所买的产品到哪里的时候，卖家该如何查询物流信息呢？物流信息查询的具体操作步骤如下。

（1）登录"我的淘宝"，进入"卖家中心"页面，打开卖出商品信息，单击商品后面的"查看物流"超链接，如图 7-41 所示。

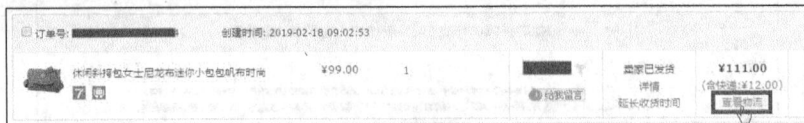

图 7-41　单击"查看物流"超链接

（2）在打开的页面中即可查询物流信息，如图 7-42 所示。

图 7-42　查询物流信息

7.5 评价管理

在淘宝网开店，买家对商品的评价对于卖家来说是非常重要的。

▶▶▶ 7.5.1 评价买家

买家收到货将货款支付给卖家后，卖家应及时对买家做出评价。只要交易顺利，就不妨多给买家"好评"，买卖双方互给"好评"。"好评"要日积月累，店铺才能越做越大。

（1）进入"卖家中心"页面，在"已卖出的宝贝"页面，单击要评价商品的后面的"评价"超链接，如图7-43所示。

图7-43 单击"评价"超链接

（2）进入"评价买家"页面，在"对商品进行评价"栏中根据实际情况选择相应的评价，单击"发表评论"按钮，如图7-44所示。

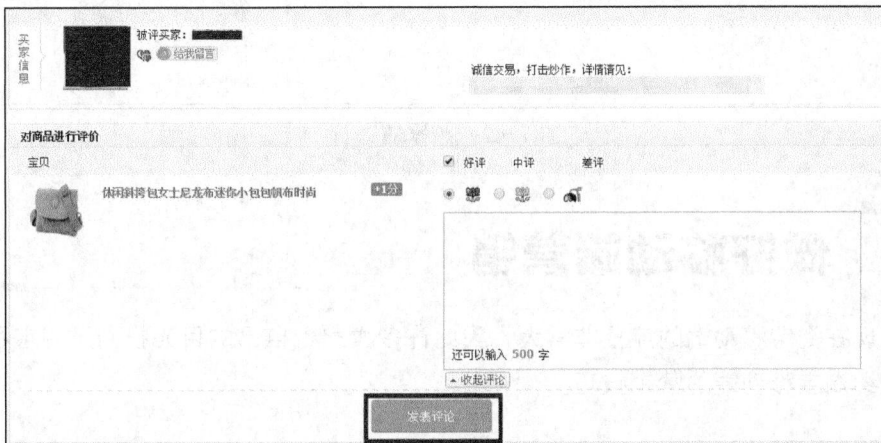

图7-44 填写评价

（3）成功发表评论，如图7-45所示。

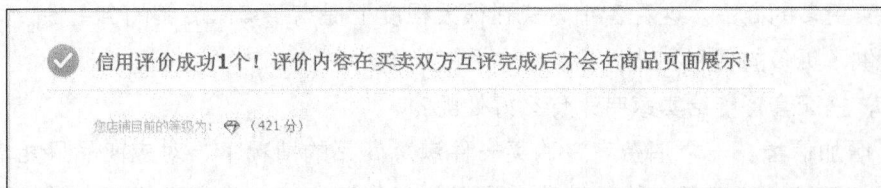

图7-45 发表评论成功

▶▶▶ 7.5.2 查看买家评价

只有买家和卖家双方都完成评价以后，才可以互相查看对方的评价，具体操作步骤如下。

（1）打开"已卖出的宝贝"页面，单击商品后面的"双方已评"超链接，如图 7-46 所示。

图 7-46 单击"双方已评"超链接

（2）打开页面，可以看到买家的评价，如图 7-47 所示。

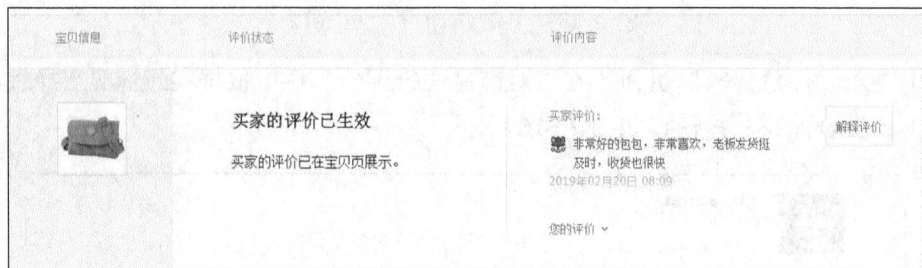

图 7-47 买家的评价

7.6 做好移动端营销

由于现在淘宝移动端的流量非常大，因此许多卖家把自己的目光投到了淘宝移动端。下面就介绍淘宝移动端的营销技巧。

▶▶▶ 7.6.1 移动端搭配套餐提升客单转化

搭配套餐，顾名思义就是将几种商品组合成一个套餐来销售，通过促销套餐让消费者一次性购买更多的商品。这种营销方式在很大程度上提高了卖家促销的自主性，同时也为消费者提供了更多的便利和选择权。

那么，搭配套餐能给卖家带来什么好处呢？

（1）增加信誉。一个消费者在购买一件满意商品的情况下，对应商品只能增加一个好评，但如果是搭配套餐，给予消费者更多优惠的情况下，将有可能至少增加两个商品的好评。

（2）节省邮费。大多数快递公司的收费标准是产品重量在1千克以内算起步价。卖小件商品的卖家一件件发货的话，每件商品都要按照起步价付邮费，而每件商品的重量往往离1千克还有很大的差距，这样就会增加成本投入。如果按照搭配套餐出售，一次发货只要总重量不超过1千克，都只按起步价付费，这样一来就可以节省不少邮费。

（3）增加商品的曝光度。卖家可以将搭配套餐的模板代码复制到店铺的任意位置，以提高商品的曝光率，让消费者在潜意识中记住此套餐。

（4）提高客单价。搭配套餐更具有真实性，消费者会认为卖家是在薄利多销，往往更容易相信和接受这样的促销方式，这样自然就提高了店铺的客单价。

商品的搭配套餐设置完成后，在该商品的移动端详情页就会自动给出该商品的搭配套餐，如图7-48所示。

图 7-48　商品的搭配套餐

>>> 7.6.2　设置码上淘实现 O2O 交易零距离

扫码作为目前O2O中非常重要的连接入口，已经成为连接线上与线下的新流量渠道，成为消费者获取商品信息、享受优惠的途径。

扫码专享价是专门针对消费者手机淘宝扫码下单而设定的价格，需要卖家在商品上设置折上折优惠。消费者只有通过手机淘宝扫描条形码或二维码才能享受专享优惠，这比在PC端下单更便宜。

设置码上淘的具体操作步骤如下。

（1）进入淘宝的"卖家中心"，单击"店铺管理"下的"手机淘宝店铺"，如图 7-49所示。

（2）在淘宝卖家中心页面单击"码上淘"下的"进入后台"按钮，如图 7-50 所示。

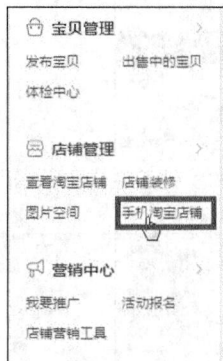

图 7-49　单击"手机
　　　　　淘宝店铺"

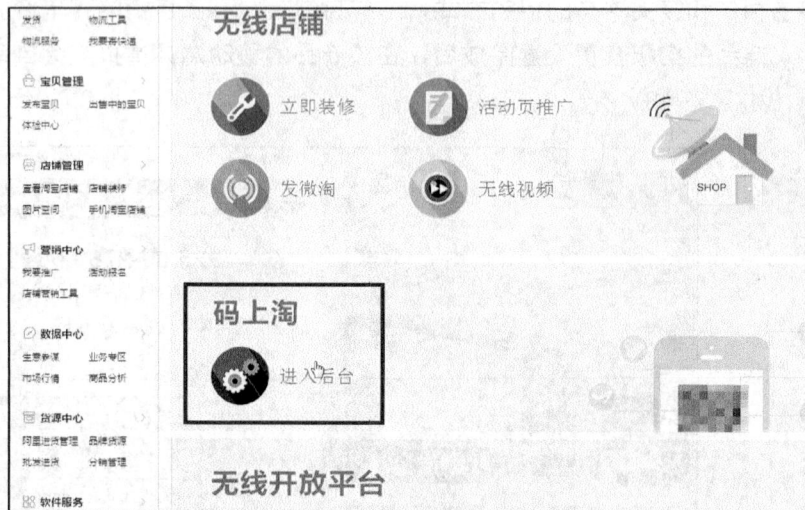

图 7-50　单击"进入后台"按钮

（3）打开"码上淘"页面，单击页面右下角的"进入码上淘"按钮，如图 7-51 所示。

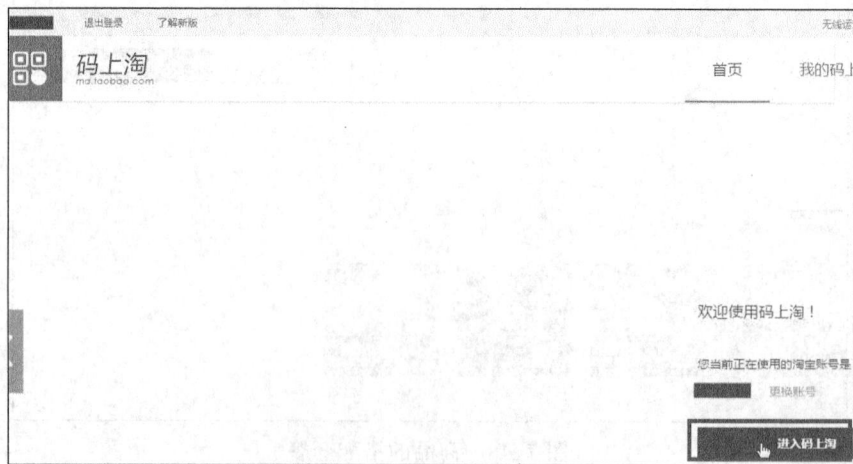

图 7-51　单击"进入码上淘"

（4）打开"码上淘"页面，单击页面左侧的"通过宝贝创建"超链接，如图 7-52所示。

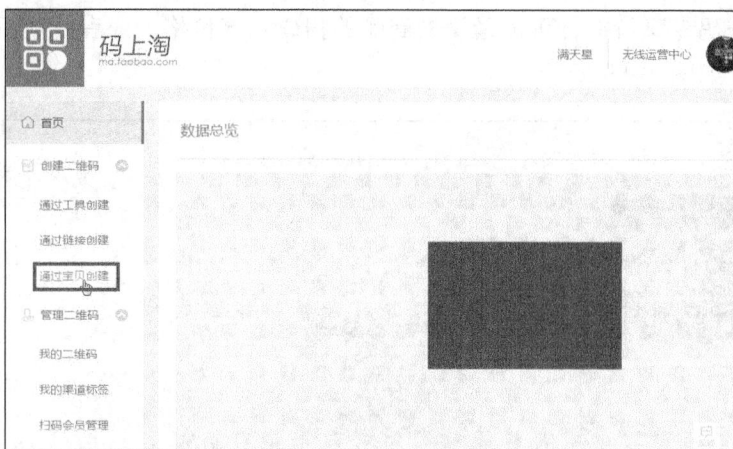

图 7-52　单击"通过宝贝创建"超链接

（5）选中商品，单击"下一步"按钮，如图 7-53 所示。

图 7-53　单击下一步按钮

（6）设置关联推广渠道，单击"下一步"按钮，如图 7-54 所示。

图 7-54　设置关联推广渠道

（7）设置扫码专享价格，可批量设置商品的扫码专享价格，或者针对不同商品设置不同的专享折扣，如图 7-55 所示。

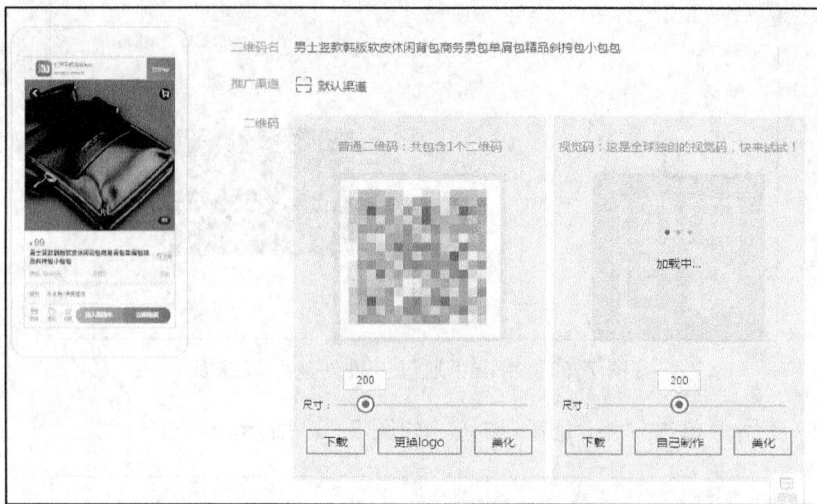

图 7-55　设置扫码专享价格

▶▶▶ 7.6.3　"无线惊喜"天天都有惊喜，无线营销必备工具

"无线惊喜"是一款基于完成店铺任务的抽奖、兑换活动的应用。消费者通过完成签到、收藏、宝贝浏览等任务获得金币，并用来抽奖及兑换。同时，新设隔日送奖活动是卖家展开无线营销、增强消费者黏性的必备工具。

设置无线惊喜的具体操作步骤如下。

（1）登录"我的淘宝"，进入"卖家中心"页面，单击"店铺管理"下面的"手机淘宝店铺"，如图 7-56 所示。

（2）单击"无线开放平台"下面的"无线应用区"，如图 7-57 所示。

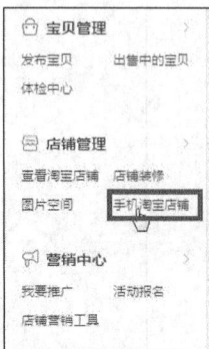

图 7-56　单击"手机淘宝店铺"

图 7-57　单击"无线应用区"

（3）打开图 7-58 所示的"服务市场"页面，点击页面左下角标明"无线惊喜"的图片。

图 7-58　"服务市场"页面

（4）在打开的页面选择相应的服务版本和周期，单击"立即购买"按钮，如图 7-59 所示。

图 7-59　单击"立即购买"按钮

（5）打开付款页面，单击"同意并付款"按钮，如图 7-60 所示。

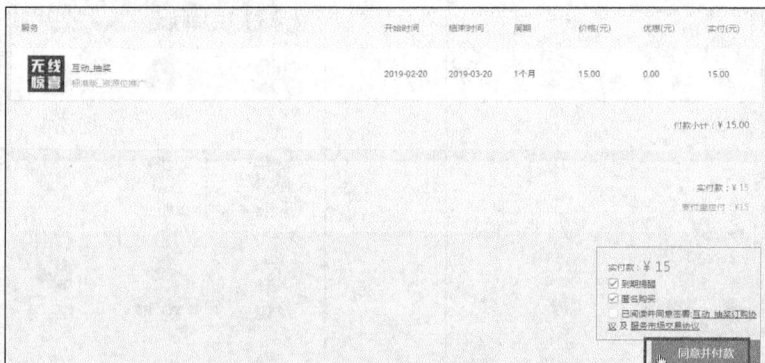

图 7-60　订购软件

（6）提示订购成功，图 7-61 所示为"无线惊喜"的主要用途。

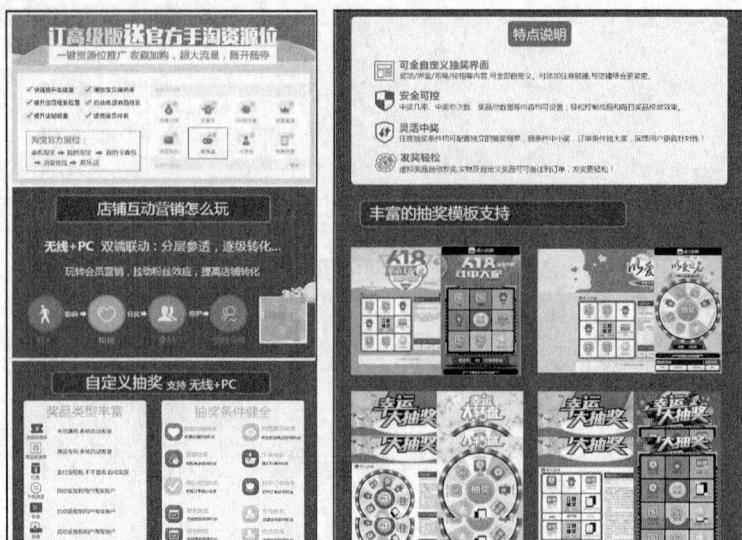

图 7-61 "无线惊喜"的主要用途

>>> 7.6.4 流量钱包，手机购物也能赚流量

流量钱包是淘宝向卖家和消费者推出的一项流量营销服务。卖家使用流量钱包可以有效地提升淘宝店铺与消费者之间的互动性、趣味性。对于淘宝店铺而言，它是一款灵活、有效的营销工具。

设置流量钱包的具体操作步骤如下。

（1）打开手机淘宝，在"我的淘宝"中选择"卡券包"，如图 7-62 所示。

（2）在"卡券包"页面中选择"流量钱包"，如图 7-63 所示。

图 7-62 选择"卡券包"

图 7-63 选择"流量钱包"

（3）在弹出的"阿里'流量钱包'服务协议"对话框，选中"我同意本协议"复选框，点击"确定"按钮，如图 7-64 所示。

（4）进入"流量钱包"页面，如图 7-65 所示。

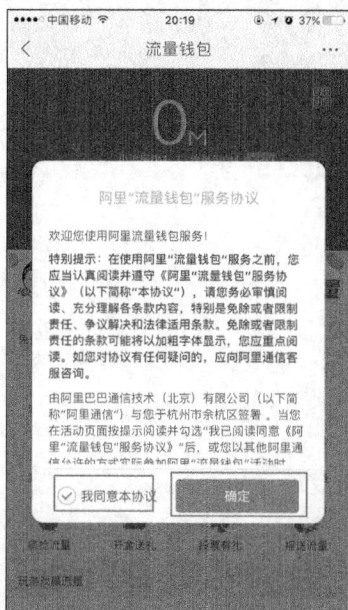

图 7-64　阿里"流量钱包"服务协议对话框

图 7-65　"流量钱包"页面

（5）点击"流量白领"，打开"流量白领"页面，在这里可以领取店铺的流量，如图 7-66 所示。

图 7-66　"流量白领"页面

课后习题 ● ● ●

1．如何添加淘宝店铺的商品分类？

2．简述手机淘宝店铺装修的注意事项。

3．如何对淘宝店铺的商品进行管理？

4．简述淘宝店铺移动端的营销技巧。

第8章
京东商城开店

通过学习本章内容，你将学到：
- 入驻京东商城的条件及流程。
- 京东商城店铺管理。
- 京东商城店铺促销推广技巧。

京东是专业的综合网上购物商城，也是为第三方卖家提供的交易平台。京东商城致力于打造一站式综合购物平台，通过组建大快消、电子文娱、时尚生活三大事业群，服务中国亿万家庭，并以高于行业平均发展速度的发展态势满足消费者日益多元的消费需求。

8.1 卖家入驻

卖家入驻京东商城需要哪些条件？怎样入驻京东商城？

▶▶▶ 8.1.1 招商方向

京东商城的招商方向如下。

1. 品牌
对于知名品牌，京东开放平台将最大限度地维护卖家的品牌利益，尊重品牌传统和内涵，欢迎优质品牌旗舰店入驻。

2. 货品
能够满足京东用户群体的优质、有特色的货品，根据类目结构细分的货品配置。

3. 垂直电商
京东开放平台欢迎垂直类电商入驻。京东开放平台愿意和专业的垂直电商企业分享其优质用户群体，并且欢迎垂直电商为京东用户提供该领域专业的货品及服务。

▶▶▶ 8.1.2 招商标准

1. 入驻

（1）京东开放平台暂未授权任何机构进行代理招商服务，入驻申请流程及相关的收费说明均以京东开放平台官方招商页面为准。

（2）京东开放平台有权根据包括但不限于品牌需求、公司经营状况、服务水平等其他因素退回卖家申请。

（3）京东开放平台有权在申请入驻及后续经营阶段要求卖家提供其他资质。

（4）京东开放平台将结合各行业发展动态、国家相关规定及消费者购买需求，不定期更新招商标准。

（5）卖家必须如实提供以下资料和信息。

• 务必确保申请入驻及后续经营阶段提供的相关资质和信息的真实性、完整性、有效性（若卖家提供的相关资质为第三方提供，包括但不限于商标注册证、授权书等，务必先行核实文件的真实性、有效性、完整性），一旦发现虚假资质或信息的，京东开放平台将不再与卖家进行合作并有权根据京东开放平台规则及与卖家签署的相关协议之约定进行处理。

• 卖家应如实提供其店铺运营的主体及相关信息，包括但不限于店铺实际经营主体、代理运营公司等信息。

• 京东开放平台关于卖家信息和资料变更有相关规定，卖家如果需要变更，应提前十日书面告知京东开放平台；如未提前告知京东开放平台，京东开放平台将根据开放平台规则进行处理。

（6）京东开放平台暂不接受个体工商户的入驻申请，卖家须为正式注册企业。

（7）京东开放平台暂不接受未取得国家知识产权局颁发的商标注册证或商标受理通知书的品牌开店申请，亦不接受纯图形类商标的入驻申请。

2. 京东店铺类型及相关要求

（1）旗舰店是指卖家以自有品牌或由权利人出具的在京东开放平台开设品牌旗舰店的授权文件（授权文件中应明确排他性、不可撤销性），入驻京东开放平台开设的店铺。旗舰店可以有以下几种情形。

• 经营一个自有品牌商品入驻京东开放平台的卖家旗舰店，自有品牌是指商标权利归卖家所有，自有品牌的子品牌可以放入旗舰店，主、子品牌的商标权利人应为同一实际控制人。

• 经营已获得明确排他性授权的一个品牌商品入驻京东开放平台的卖家旗舰店。

• 卖场型品牌（服务类商标）商标权人开设的旗舰店。

• 开店主体必须是品牌（商标）权利人或持有权利人出具的开设京东开放平台旗舰店排他性授权文件的被授权企业。

（2）专卖店是指卖家持他人品牌授权文件在京东开放平台开设的店铺。专卖店的开设应注意以下两点。

- 专卖店类型：经营一个或多个授权品牌商品（多个授权品牌的商标权人应为同一实际控制人）但未获得旗舰店排他授权入驻京东开放平台的卖家专卖店。
- 品牌（商标）权利人出具的授权文件不应有地域限制。

（3）专营店是指经营京东开放平台相同一级经营类目下两个及以上他人或自有品牌商品的店铺。专营店可以有以下几种情形。

- 相同一级类目下经营两个及以上他人品牌商品入驻京东开放平台的卖家专营店。
- 相同一级类目下既经营他人品牌商品又经营自有品牌商品入驻京东开放平台的卖家专营店。

▶▶▶ 8.1.3　京东开放平台卖家店铺命名规则

1．店铺命名限制

（1）店铺名不得超过30个字符。

（2）店铺名不得与平台已经开通的店铺名重复，如两个店铺同时申请同一店铺名，则依照申请在先原则审批开通店铺，未通过审批的店铺需更换其他店铺名重新提交申请。

（3）店铺命名必须且只限定选择××旗舰店、××专卖店或××专营店三种命名形式中的其中之一。

（4）店铺名审批通过后无法修改，店铺命名资质不符合本规则约定，或存在侵权情形除外。

2．各类店铺命名规则

（1）旗舰店命名规则

- 规则：以"××（品牌名）旗舰店"命名，品牌名应为已经注册的商标（R状态）或正在受理注册中的商标（TM状态，注册申请时间须满六个月），卖家是该品牌（商标）的商标权利人，或卖家持有该品牌（商标）的权利人出具的在京东开设品牌旗舰店的授权文件，授权文件中应明确排他性、不可撤销性，开设旗舰店的时间应在授权期内；如超出授权期未继续获得授权的，则不得再使用"××旗舰店"命名。
- 以签署平台服务合同主体为准，只有商标权利人经营的店铺才可以使用"××官方旗舰店"的命名，不包括拥有权利人排他授权的店铺。
- 命名形式：品牌名+（类目名）+官方旗舰店/旗舰店，类目名非必填项。

（2）专卖店命名规则

- 规则：以"××（品牌名）专卖店"命名，品牌名应为已经注册的商标或正在受理注册中的商标，卖家应持有该品牌（商标）的权利人出具的销售该品牌商品的授权文件，如经营多个品牌的，各品牌应归同一实际控制人所有；如超出授权期未继续获得授权的，则不得再使用"××专卖店"命名。
- 品牌（商标）权利人出具的授权文件不应有地域限制。
- 命名形式：品牌名+企业商号+专卖店，如为多个品牌的，以该专卖店主打品牌名/

品牌综合性名称+企业商号+专卖店命名。

（3）专营店命名规则

- 规则：以"××（类目名）专营店"命名，卖家在京东同一一级类目下经营两个及以上品牌商品，卖家为商标权利人，或卖家持有相应品牌商标的权利人或商标权利人授权的代理人出具的销售授权书。

- 命名形式：企业商号+类目名+专营店，不得以"××（品牌名）专营店"命名。

▶▶▶ 8.1.4　入驻京东商城流程

公司资质、经营资质等材料审核通过后，即可入驻京东商城。入驻京东商城的流程具体如下。

（1）进入京东网站，单击顶部的"免费注册"导航，如图 8-1 所示。

图 8-1　单击"免费注册"

（2）进入"京东用户注册协议和隐私政策"页面，单击"同意并继续"按钮，如图 8-2 所示。

图 8-2　"京东用户注册协议和隐私政策"页面

（3）输入手机号码，单击"点击按钮进行验证"按钮，单击"下一步"按钮，如图8-3所示。

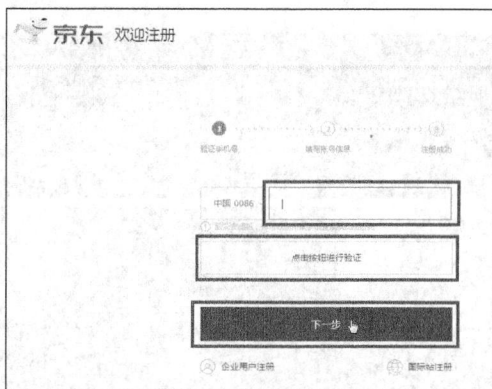

图8-3　输入手机号码

（4）填写账号信息，包括用户名、设置密码、确认密码、邮箱验证、邮箱验证码，填写完成后单击"立即注册"按钮，如图8-4所示。

图8-4　填写账号信息

（5）进入京东商城首页，在底部的导航中单击"合作招商"超链接，如图8-5所示。

图8-5　单击"合作招商"超链接

（6）进入商家入驻后台页面，单击"立即入驻"按钮，如图 8-6 所示。

图 8-6　单击"立即入驻"按钮

（7）进入"看一看，了解入驻步骤"页面，如图 8-7 所示。

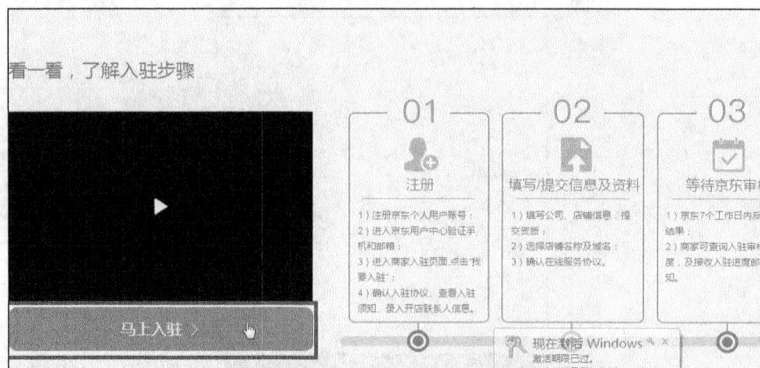

图 8-7　"看一看了解入驻步骤"页面

（8）选择入驻商家类型，提示"请务必仔细核对您要申请入驻商家的业务类型"，在这里选择"京东主站业务"，单击"入驻京东主站"按钮，如图 8-8 所示。

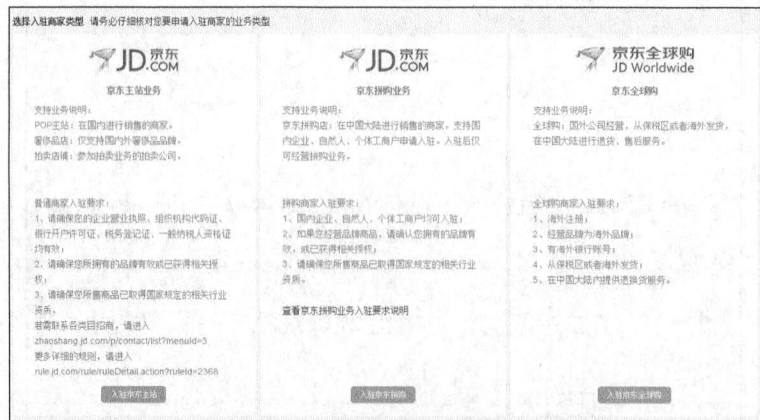

图 8-8　选择入驻商家类型

（9）弹出"提示信息"对话框，阅读完毕后，单击"确认，继续入驻"按钮，如图 8-9 所示。

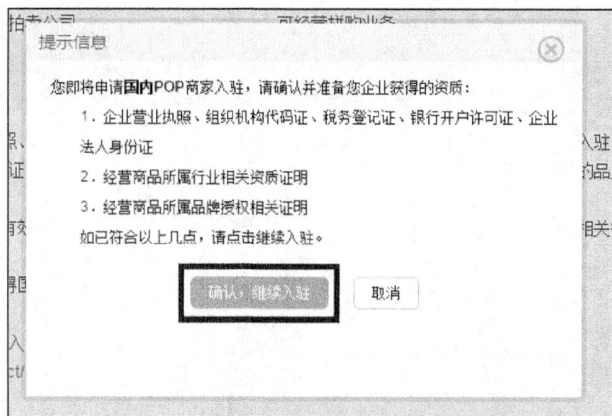

图 8-9　提示信息

（10）打开"商家入驻"页面，单击"开始提交"按钮，如图 8-10 所示。

图 8-10　"商家入驻"页面

（11）进入"入驻联系人信息"页面，填写联系信息，如图 8-11 所示。

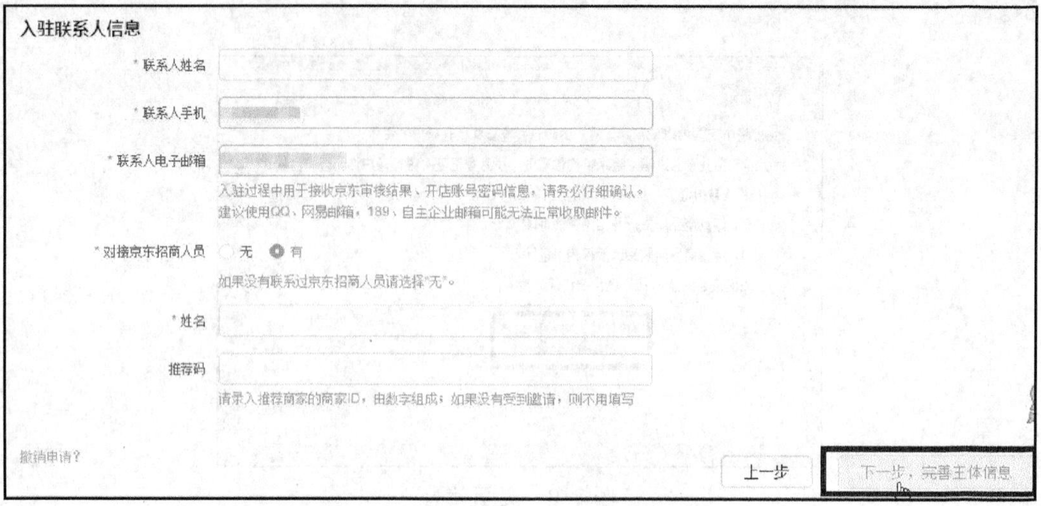

图 8-11　设置入驻联系人信息

（12）根据提示逐步操作即可。

8.1.5　入驻注意事项

1．卖家在线入驻注意事项

（1）如果卖家申请未通过审核，所寄材料是否退还？

卖家所提交的复印件材料，概不退还。如需再次申请，重新登录卖家入驻系统提交申请。

（2）如果我已在京东开通过店铺，能否使用卖家入驻系统新开店铺？

如果卖家已在京东开通过店铺或者已在入驻审核流程中，无法使用或再次使用卖家入驻系统。

（3）如何查询入驻进度？

卖家及时登录卖家在线入驻系统查看入驻进度。

（4）如何获取银行联行号？

卖家向结算账号开户支行询问此开户银行的 12 位联行号编码即可。

2．公司信息填写注意事项

（1）如何正确填写企业营业执照号？

营业执照号是指营业执照上的注册号，而不是企业编号。

（2）如何正确填写公司名称？

填写入驻资料时，应按照营业执照上的公司名称填写，不能多字或少字，如经常发现卖家填写时漏掉公司名称中的"市"字而导致系统填写信息与营业执照不一致。

（3）如何上传正确的税务登记证？

在上传税务登记证的时候，将印有国税章和地税章的税务登记证扫描到一张图片中上传；若国税章和地税章不在同一个证上，将有国税和地税的两个证扫描或合成一张图片上传。

3. 店铺信息填写注意事项

（1）命名店铺时，店铺名称和类型是否要统一？

在命名店铺时，店铺名称和类型要一致，若店铺类型选择"专营店"，则命名不可以为"××旗舰店"；若店铺类型选择"专营店"且卖家申请服装类目，则命名为"××服装专营店"。

（2）什么情况下可以命名"官方旗舰店"？

若卖家或卖家公司法定代表人是商标注册人，则可以使用"官方"命名旗舰店；若卖家仅持有商标注册人出具的排他性授权，则可命名为"××旗舰店"，但不能使用"官方"命名旗舰店。

（3）在店铺命名时，品牌名要如何填写？

命名旗舰店或专卖店时，品牌名要与商标注册证上的注册商标一致，如商标注册证上的注册商标是英文字母注册的，命名时品牌名也要写英文字母，不能为中文译名且应注意英文字母的大小写区别。

（4）如何正确选择旗舰店类型？

- 卖家或卖家公司法定代表人是商标注册人，店铺类型应选择"厂商直营旗舰店"。
- 卖家持有商标注册人出具的排他性授权，店铺类型应选择"厂商授权旗舰店"。
- 卖家或卖家公司法定代表人是35类及以上类别商标注册人，店铺类型可以申请"卖场型旗舰店"。

（5）收到垂直站邀请的卖家，如何申请"海外购"或"奢侈品站"？

收到垂直站邀请的卖家，在垂直站邀请处选择"海外购"或"奢侈品站"，非被邀请的卖家选择"未收到邀请"。

（6）其他资质处应该上传什么资质材料？

在其他资质处，入驻的卖家可以上传相关的行业资质或是获得的一些认证证书，如中国500强企业证书、中国编码系统成员证书等。如果没有相关的行业资质可以不上传。

8.2 店铺管理

已经拥有了自己的网店，应该如何进行管理呢？常规的管理工作是少不了的，细节也很重要。下面介绍在日常运营中怎样对自己的店铺进行管理。

▶▶▶ 8.2.1 店铺分类

店铺分类在店铺中的位置非常重要，它能让买家从任何页面跳转到其想去的页面。建议将其放在店铺页面最上方的位置，以方便买家浏览其他商品。分类的原则以实用为主，尽量做到简洁明了，不要盲目地追求美观，使用一些闪烁、巨幅、花哨的图片。

进入"店内分类管理"页面，单击"添加新分类"按钮添加一级分类，如图 8-12 所示。单击"添加子分类"在每一类目下面添加子类目。添加好之后保存，分类设置完成。

图 8-12 店铺分类管理

店铺商品分类可以根据产品的适用人群或者产品的名称去分类，也可以根据产品的用途去分类。比较清晰的分类能减少买家在店铺中找到产品的时间，店内商品对应的分类准确了，商品就更容易被查找到，所以应该完善商品分类和店铺众多小细节，店铺商品就更容易管理了。

▶▶▶ 8.2.2 设置店铺的"二级域名"

为什么要增加"二级域名"的功能呢？每个店铺所产生分配的店址比较长，长域名很难让别人记住，因此就增加了二级域名的功能，希望能帮助卖家设置一个让自己或者别人比较容易记住的网址。

进入店铺商家后台管理页面，单击"我的店铺"下的"二级域名申请"，如图 8-13 所示，根据提示逐步操作即可。

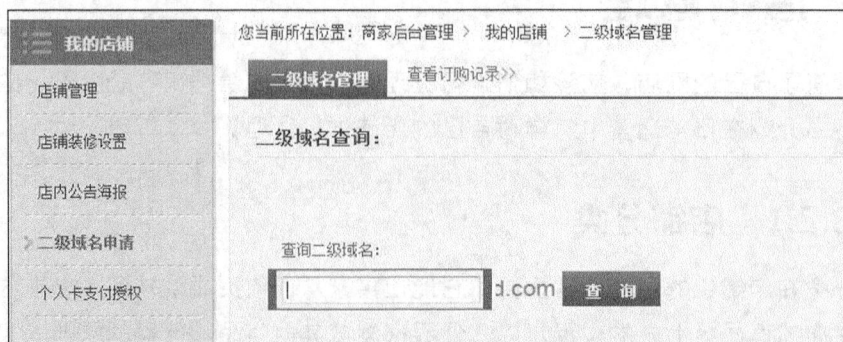

图 8-13 "二级域名"查询

二级域名使用到期前一个月系统会进行提示，卖家可以选择继续使用或放弃使用。当卖家在系统提示的续费期内未续费，到期后域名会自动失效，此时店铺恢复默认域名。此时系统仍然会为店铺保留此域名的 15 日优先申请权，过期未申请则域名释放，可供其他卖家申请。

▶▶▶ 8.2.3 店铺页面介绍

每一个店铺标配有 4 个页面，分别是"店铺首页""商品列表页""商品详细介绍页""店内搜索结果页"。

店铺首页显示的是整个店铺的最大的优势产品或促销活动，每一家店铺都十分注重店铺首页的排版布局，因为这会直接影响到店铺的转化率、买家停留时间长短等。图 8-14 所示为利仁电器京东自营旗舰店店铺首页。

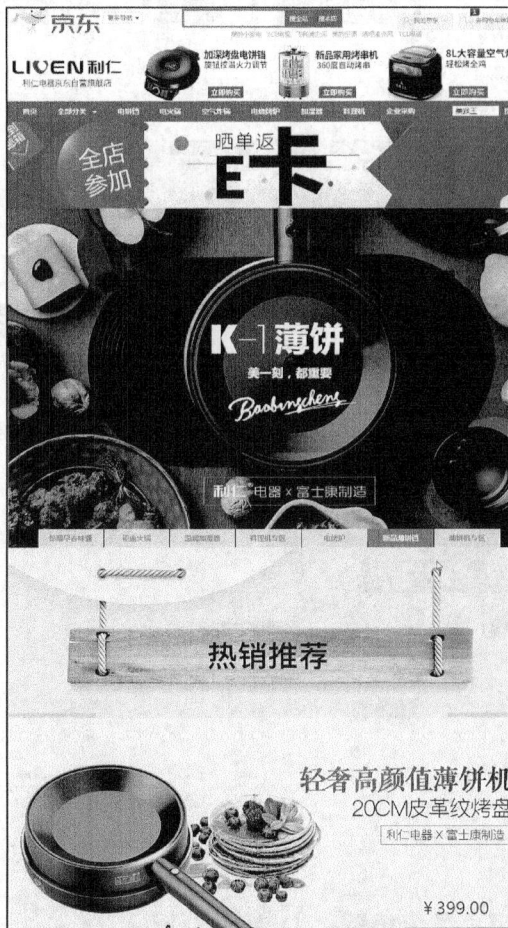

图 8-14 利仁电器京东自营旗舰店店铺首页

商品列表页是指买家访问店内某个分类时看到的页面，如图 8-15 所示。

商品详细介绍页是指商品的详情页面，如图 8-16 所示。

店内搜索结果页是当买家搜索店内商品时用来显示搜索结果的页面。

图 8-15　商品列表页

图 8-16　商品详细介绍页

8.3 促销推广

相信很多卖家都清楚促销带来的客流，促销在店铺运营中是非常重要的。做好促销活动对提升店铺的访客量、销量和营业额都有很大的帮助。

▶▶▶ 8.3.1 "满赠促销"活动

每逢节假日，各卖家的打折促销手段很多，如"满 200 元减 100 元""满 300 元赠 200 元"等。"满赠促销"商品是指满足一定金额，在提交订单之前的购物车里会有"满赠商品"。也有一些是自动赠送的，达到规定的金额或者件数，购物车也会自动出现赠送的商品，赠送商品价格显示为 0 元。图 8-17 所示为参加了"满赠促销"活动的商品。

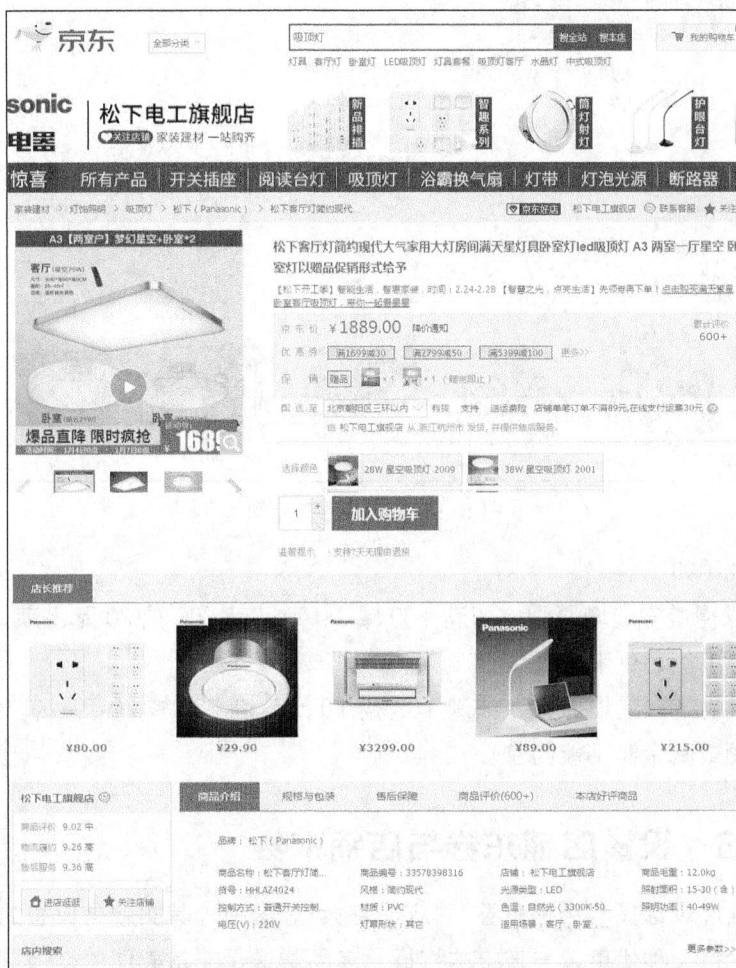

图 8-17　参加了"满赠促销"活动的商品

▶▶▶ 8.3.2　满减促销及阶梯满减活动

在满减促销活动中，卖家通过设置活动名称、活动时间、满减类型（满减、每满减）、活动规则、全场满减、最低会员限制、广告语、备注功能来开展满减促销活动。图 8-18 所示为满减促销活动。

图 8-18　满减促销活动

活动规则说明如下。

（1）满金额需遵守递增原则，如满 100 减 10 元、满 200 减 20 元、满 300 减 30 元。

（2）减金额不能超过满金额的 80%。

（3）减金额需遵守递增原则，如满 100 减 10 元、满 200 减 20 元、满 300 减 30 元。

（4）满金额或减金额不能为空。

▶▶▶ 8.3.3　设置店铺东券与店铺京券

店铺促销推广可选择"店铺东券""店铺京券"。这两种其实就是典型的优惠券促销。优惠券事实上就是一种优惠，与直接的打折、商品赠送是非常类似的，但是唯一的区别就是买家有更多的选择权，同时很多优惠券的使用期限会比一般的促销折扣的期限更长。买家可以在有效期内的任何时候来选择使用优惠券。这样买家可以有更多的选择机会，可以在购买正价品的时候也能享受到优惠，还可以在已有折扣的基础上可享受折扣，甚至可以免费获得商品。

图 8-19 所示为设置店铺东券信息，在发放形式中选择"店铺券批次"，填写所需信息，"店铺券有效期"为买家可以使用店铺券的有效期。图 8-20 所示为店铺东券。

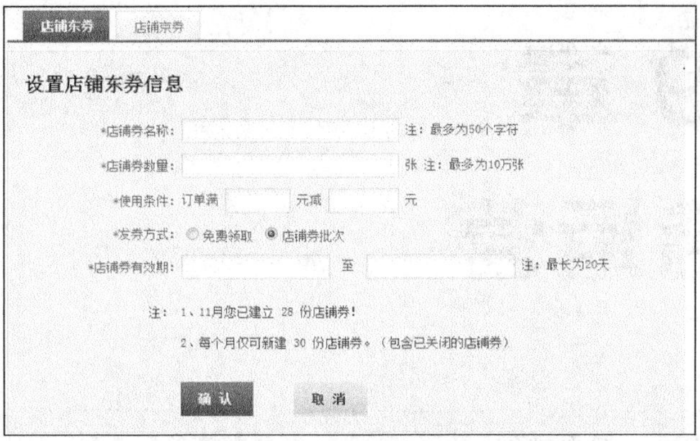

图 8-19　设置店铺东券信息

图 8-20　店铺东券

图 8-21 所示为设置店铺京券信息，填写所需信息，注意店铺京券需与单品促销绑定使用。

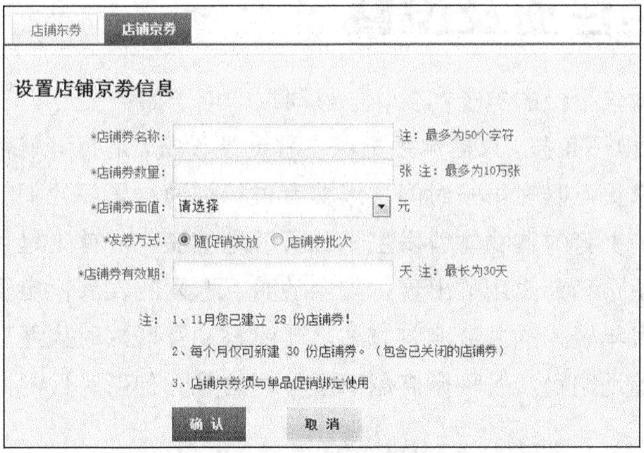

图 8-21　设置店铺京券

课后习题

1．入驻京东商城需要具备哪些条件？
2．简述京东商城店铺管理方法。
3．简述京东商城店铺促销推广技巧。

第 9 章
微店运营

通过学习本章内容，你将学到：
- 微店注册及设置技巧。
- 微店商品发布与管理技巧。
- 微店推广促销技巧。

随着移动互联网的迅速发展，微店正呈爆发式增长。现在很多商家都在搭建自己的微店，这不是简单的跟风，而是移动互联网时代的必然趋势。据相关统计，已有几千万的商家开了微店。

9.1 微店注册及设置

微店就是基于微信平台的电子商务，是移动端的电子商务平台。它方便简洁，更实用，区别于传统 PC 端的电子商务。只需用手指点击移动端设备，消费者就可以随时随地关注商家的商品动态，商家更可以在第一时间与消费者进行沟通，了解他们的需求。

最近几十年，消费者的购物体验发生了翻天覆地的变化。首先是百货商场的出现，紧接着是大大小小的超市和专卖店的出现，如今随着互联网的发展，电子商务日趋发达，网上购物已经成了很多年轻人的主流购物方式。随着移动互联网时代蓬勃发展，消费者利用智能手机可以随时随地购物。各种微店越来越多，这是一种新时代的商机。

▶▶▶ 9.1.1 微店注册

微店注册具体操作步骤如下。

（1）打开微店 App，显示"微店平台隐私声明"界面，点击"同意"按钮，如图 9-1 所示。

（2）打开微店登录或注册界面，在这里点击"注册"按钮，如图 9-2 所示。

（3）输入手机号，点击"下一步"按钮，根据系统提示逐步操作即可。

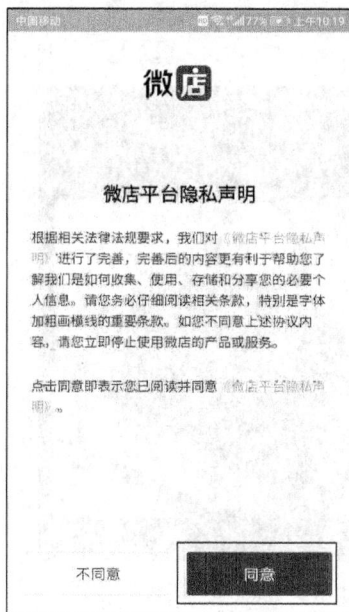

图9-1 "微店隐私声明"界面

图9-2 点击"注册"按钮

▶▶▶ 9.1.2 设置微店头像或店长头像

下面介绍设置微店头像的方法，具体操作步骤如下。

（1）打开微店 App，点击店铺头像，如图9-3所示。

（2）打开"店铺管理"界面，点击头像，如图9-4所示。

图9-3 打开微店 App

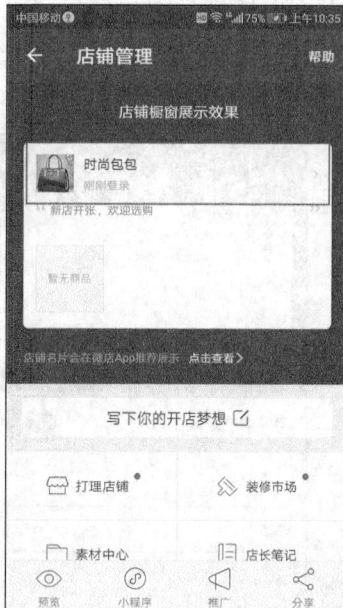

图9-4 点击头像

（3）打开手机相册，从中选择照片作为头像，如图9-5所示。

（4）点击界面右上角的"完成"按钮，如图9-6所示，即可成功完成微店头像设置。

图 9-5　选择照片

图 9-6　点击"完成"按钮

⟫⟫⟫ 9.1.3　设置店铺公告

店铺公告不能超过 500 个字，需要突出显示店铺特点、全店促销信息，以及店铺近期的折扣活动和单品的主推优惠。这是消费者比较关心的，可以考虑排在最前面。阐述过程中要进行分项目阐述，条理要清晰，一定要简短有层次。

设置店铺公告具体操作步骤如下。

（1）打开"编辑店铺名片"界面，点击"店铺公告"，如图 9-7 所示。

（2）打开"店铺公告"界面，在文本框中输入相应的公告内容，输入完成后点击"完成"按钮如图 9-8 所示。

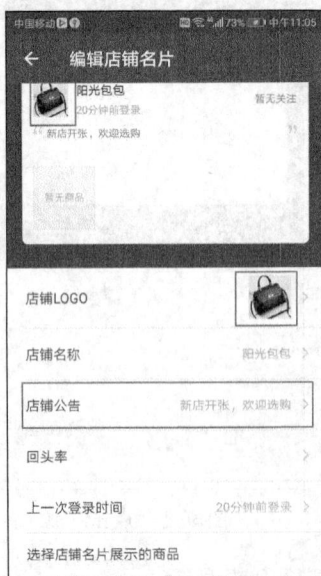

图 9-7　点击"店铺公告"

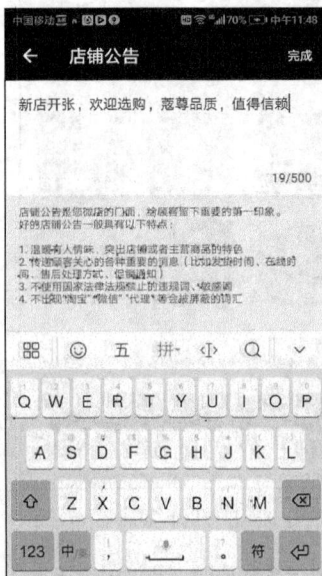

图 9-8　输入公告内容

（3）接下来，店铺公告即可设置成功，如图9-9所示。

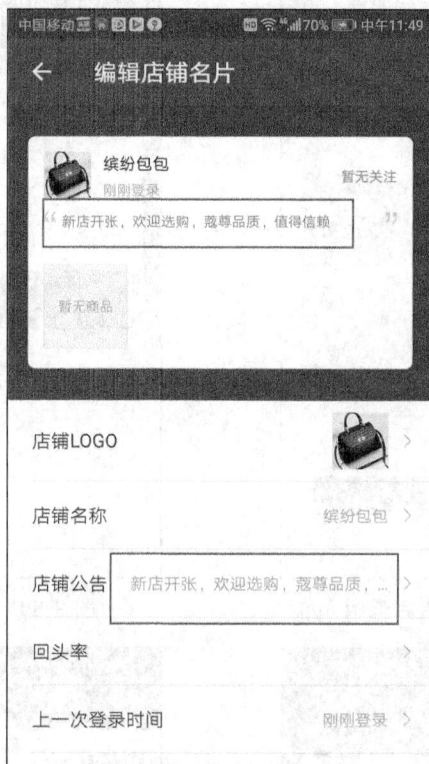

图9-9　店铺公告设置成功

▶▶▶ 9.1.4　设置与修改店铺名称

店铺名称设置与修改技巧如下。

- 要简短容易让人记住，如叠词类型。
- 名字一目了然，让消费者一眼能看出店铺是主打什么产品的。
- 字数控制在10个汉字以内。
- 有品牌的产品要突出品牌特色，没有品牌的产品要突出店铺特色。
- 非官方店铺的，名称不得加旗舰店、官方店、专营店等，店铺名称不得包含促销或代理等信息。

需要注意的是，在编辑店铺名称时，无法创建违禁店铺名称。设置与修改店铺名称的具体操作步骤如下。

（1）登录微店店长版App，点击店铺头像，如图9-10所示。

（2）打开"店铺管理"界面，点击店铺头像，如图9-11所示。

（3）打开"编辑店铺名片"界面，点击"店铺名称"，如图9-12所示。

（4）打开"店铺名称"界面，在文本框中输入相应的店铺名称，点击右上角的"完成"按钮，即可成功设置与修改店铺名称，如图9-13所示。

图 9-10　登录微店店长版 App

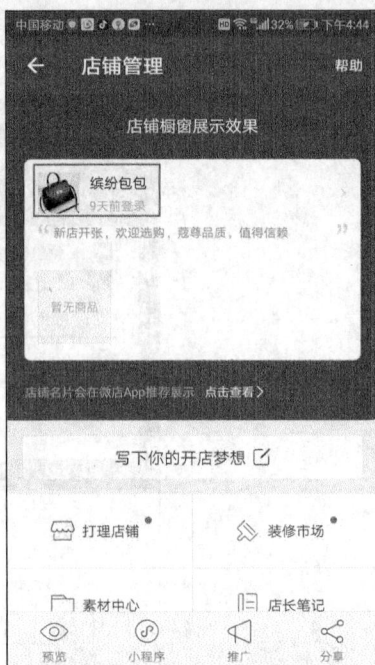

图 9-11　点击店铺头像

图 9-12　点击"店铺名称"

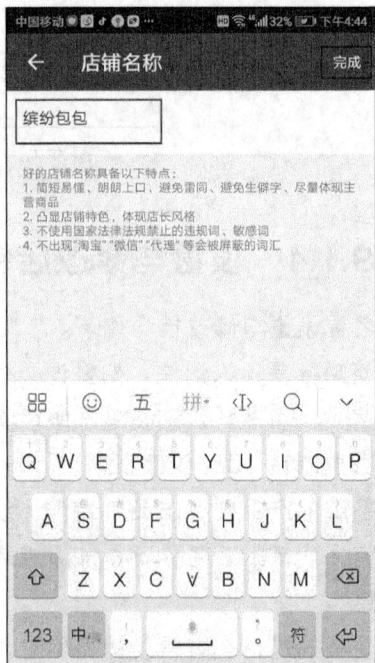

图 9-13　设置与修改店铺名称

▶▶▶ 9.1.5　点亮和绑定微店

通过微信点亮和绑定微店的具体操作步骤如下。

（1）打开微店店长版 App，点击店铺头像，如图 9-14 所示。

（2）打开"店铺管理"界面，点击"店铺资料"，如图 9-15 所示。

图 9-14　点击店铺头像

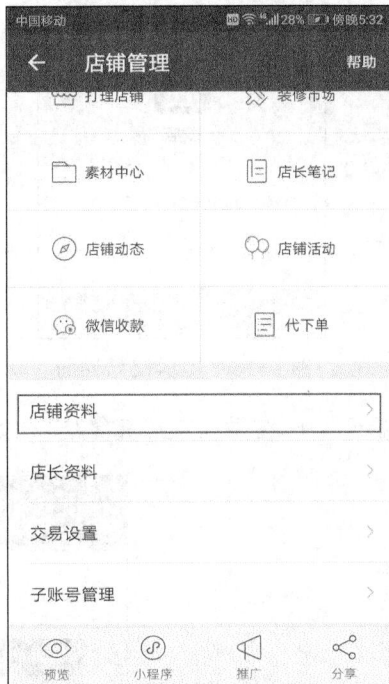

图 9-15　点击"店铺资料"

（3）打开"店铺资料"界面，点击"在微信中点亮微店"，如图 9-16 所示。

（4）打开"在微信中点亮微店"界面，点击"立即点亮"按钮，如图 9-17 所示。

图 9-16　"店铺资料"界面

图 9-17　点击"立即点亮"按钮

（5）打开提示信息界面，提示"登录后应用将获得以下权限"，如获得你的公开信息（昵称、头像、地区及性别），点击"确认登录"按钮，如图 9-18 所示。

（6）打开"绑定授权"界面，点击"绑定"按钮，如图 9-19 所示。

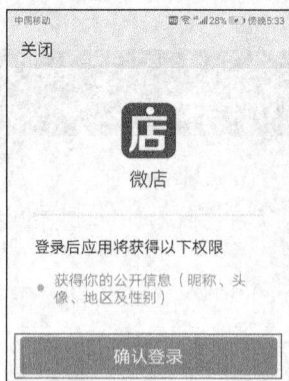

图 9-18　提示信息界面

图 9-19　"绑定授权"界面

（7）提示"已在微信中点亮微店"，如图 9-20 所示。

图 9-20　已在微信中点亮微店

9.2　商品发布与管理

在微店免费注册成功，选择合适的商品之后，就可以在微店发布商品了。

9.2.1　商品的定价技巧

商品定价必须要求商家懂"数字"，万事都要做到心中有数，才能知道事情的重要程度，才能有效衡量盈亏。

1．非整数价格法

把商品零售价格定成带有零头结尾的做法被销售专家们称为"非整数价格法"。很多实践证明，"非整数价格法"确实能够激发出消费者良好的心理呼应，获得良好的经营效果。例如，一件价值 10 元的商品，如果定价 9.9 元，很有可能激发消费者的购买欲望。这里的"非整数价格法"并不是一定要是非整数，如本来价值 1000 元，定价 999 元，这也是"非整数价格法"。图 9-21 所示的商品采用了非整数法定价。

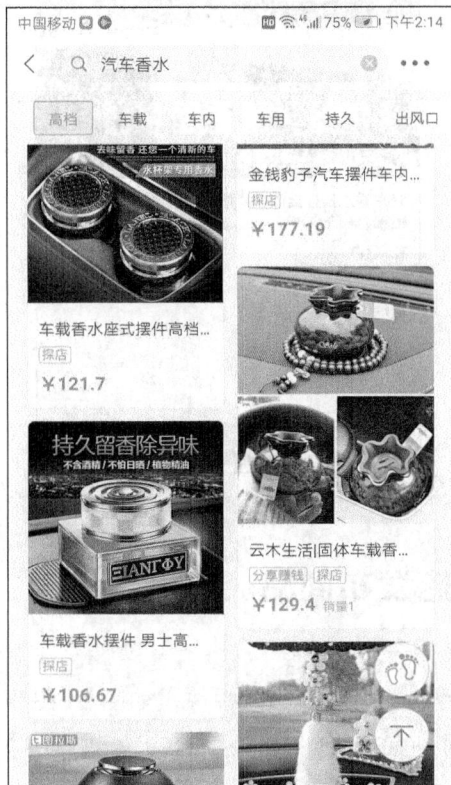

图 9-21　非整数法定价

　　把商品零售价格定成带有零头结尾的非整数的做法，是一种能激发消费者购买欲望的做法。非整数价格虽与整数价格相近，但它给予消费者的心理信息是不一样的。

2. 整数法

　　对于高档商品、耐用商品等宜采用整数定价策略，这给消费者一种"一分钱一分货"的感觉，可以树立品牌形象。图 9-22 所示的商品就采用了整数法定价。

3. 选择易被消费者接受的数字定价

　　根据相关调查发现，商品定价时所用数字的频率从高到低，依次是 5、8、0、3、6、7、2、4、9、1。这不是偶然的，究其根源是消费者消费心理的作用。带有弧形线条的数字，比不带弧线的数字有刺激感，易为消费者接受；而不带有弧形线条的数字，如 1、4 等就不大受欢迎。

4. 单位定价法

　　定价时采用同种商品较小包装单位会让消费者感觉商品的价格比较便宜，如茶叶每千克 200 元可以改写成每两 10 元；或用较小单位商品的价格进行比较，如"使用这种电冰箱每天只耗半度电，才 2 毛钱"。

图 9-22　整数法定价

▶▶▶ 9.2.2　在微店发布商品

在微店发布商品具体操作步骤如下。

（1）手机登录微店之后，点击"商品"模块，如图 9-23 所示。

（2）打开"商品"界面，点击底部的"添加商品"按钮，如图 9-24 所示。

图 9-23　点击"商品"模块

图 9-24　点击"添加商品"按钮

（3）点击"添加商品图片或视频"按钮，如图9-25所示。

（4）在界面底部弹出列表，点击"添加图片"按钮，如图9-26所示。

图9-25　点击"添加商品图片或视频"按钮

图9-26　点击"添加图片"按钮

（5）打开手机相册，选择相应的图片，点击底部的"完成"按钮，如图9-27所示，即可成功添加商品图片。

（6）在标题处输入商品标题，在类目处选择商品对应类目，如图9-28所示。

图9-27　上传商品图片

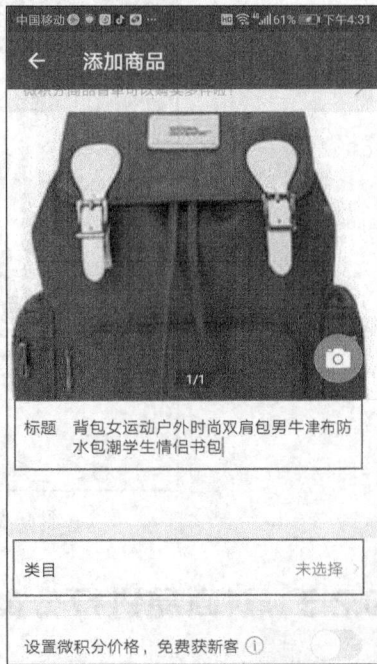

图9-28　输入标题和选择类目

（7）根据上传的商品，选择相应的类目，如图 9-29 所示。

（8）输入价格，设置库存、商品详情、分类，最后点击"上架出售"按钮，如图 9-30 所示。

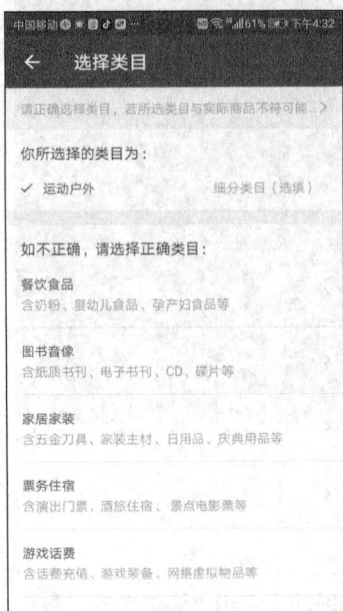

图 9-29　选择类目

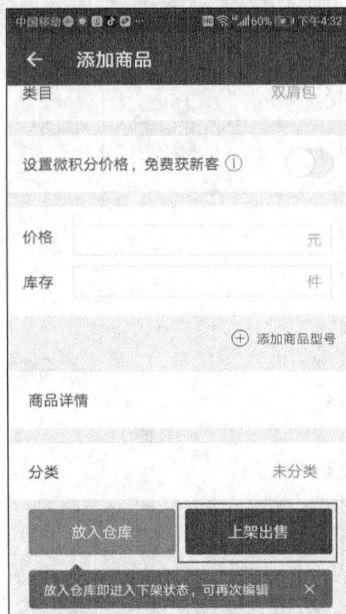

图 9-30　添加商品

（9）提示"添加成功"，如图 9-31 所示。

图 9-31　添加成功

▶▶▶ 9.2.3　对商品进行分类

对商品进行分类可以让消费者更容易找到想要购买的商品，同时可以更好地管理自己店铺中的商品。那如何对店铺中的商品进行分类呢？其具体操作步骤如下。

（1）登录微店店长版 App，点击"商品"模块，如图 9-32 所示。

图 9-32　点击"商品"

（2）打开"商品"界面，点击底部的"分类管理"，如图 9-33 所示。

（3）打开"分类"界面，点击底部的"管理分类"，如图 9-34 所示。

图 9-33　点击"分类管理"

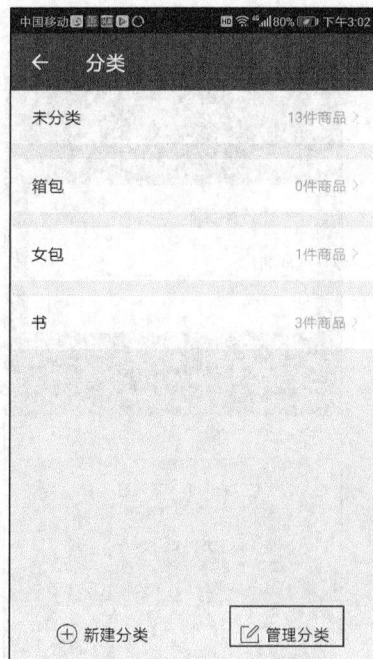

图 9-34　点击"管理分类"

（4）点击向上箭头即可上调分类名称，如图 9-35 所示。

（5）点击编辑分类名称按钮，如图 9-36 所示。

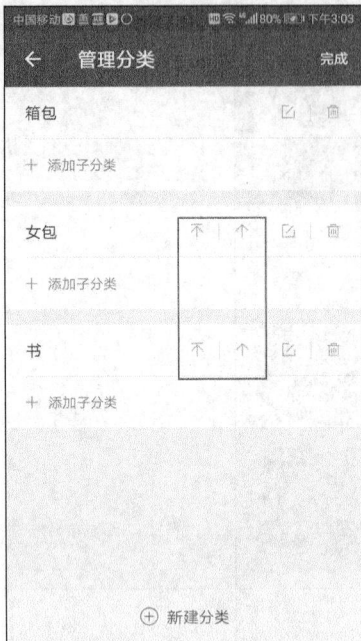

图 9-35　上调分类名称　　　　　　　　　图 9-36　点击编辑分类名称按钮

（6）打开"编辑分类名称"对话框，输入分类名称，点击"确定"按钮，即可修改分类名称，如图 9-37 所示。

（7）点击底部的"新建分类"按钮，打开"新建分类"对话框，即可新建分类，如图 9-38 所示。

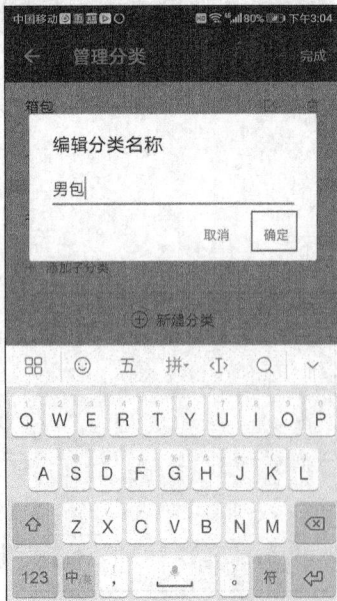

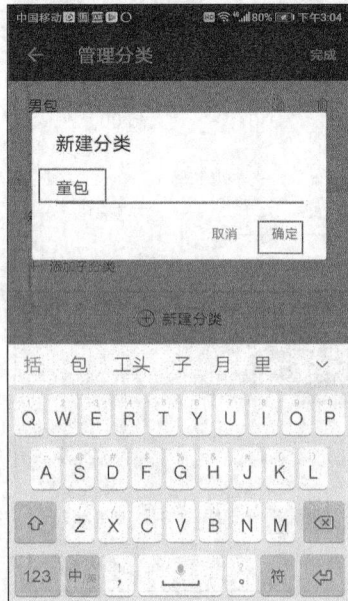

图 9-37　编辑分类名称　　　　　　　　　图 9-38　新建分类

（8）点击"商品"界面底部的"批量管理"，如图9-39所示。

图9-39　点击"批量管理"

（9）打开"批量管理"界面，选择想要分类的商品，点击底部的"分类至"，如图9-40所示。

（10）打开"分类至"下拉列表，选择相应的分类，点击"确定"按钮，如图9-41所示。

图9-40　点击"分类至"

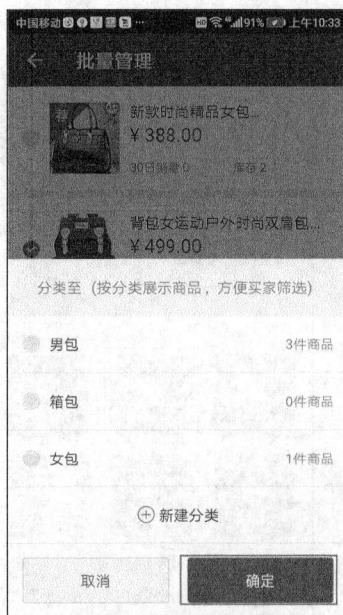

图9-41　选择分类

（11）在界面的底部提示"商品分类成功"，如图 9-42 所示。

图 9-42　商品分类成功

▶▶▶ 9.2.4　商品详情页设置

商品详情是指对店铺商品的详细介绍，可以使用文字、图片、视频等形式进一步地丰富商品信息，让进入店铺中的消费者对发布的商品有一个深入、全面的了解。商品详情页设置的具体操作步骤如下。

（1）登录微店店长版 App，点击"商品"模块，如图 9-43 所示。

（2）打开"商品"界面，点击需要编辑的商品（或通过"+添加商品"发布新商品），如图 9-44 所示。

图 9-43　点击"商品"模块

图 9-44　点击需要编辑的商品

（3）打开"编辑商品"界面，如图9-45所示。

（4）在"编辑商品"界面中点击"商品详情"，如图9-46所示。

图9-45 "编辑商品"界面

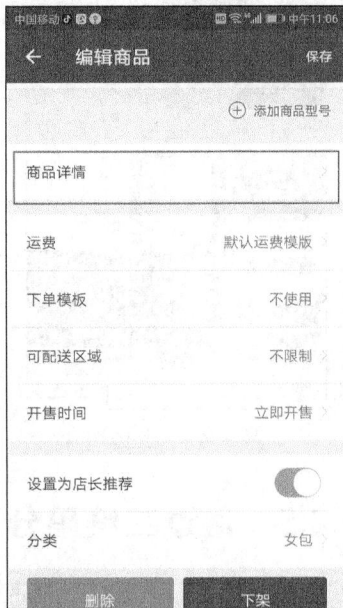

图9-46 点击"商品详情"

（5）打开"商品详情"界面，点击底部的"+添加内容"按钮，如图9-47所示。

（6）在底部弹出列表，点击"图片"选项，如图9-48所示。

图9-47 "商品详情"界面

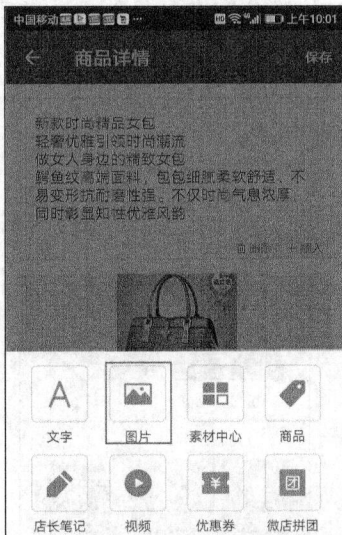

图9-48 点击"图片"选项

（7）打开手机相册，选择想要上传的图片，点击底部的"完成"按钮，如图9-49所示。

（8）返回"商品详情"界面，点击右上角的"保存"按钮，如图9-50所示。

图 9-49　上传图片

图 9-50　点击"保存"按钮

▶▶▶ 9.2.5　通过二维码分享商品

商家通过二维码分享商品，能为店铺获得更多的客流量。消费者可以通过扫描二维码快速看到被分享的商品，甚至可以转发给其他的朋友。消费者也可以通过商家分享的二维码，查看、购买分享的商品，甚至查看、购买店铺中的其他商品。

商家只要转发生成二维码海报，就能分享商品的相关信息至微信好友、微信朋友圈、QQ、微博。

通过二维码分享商品具体操作步骤如下。

（1）打开微店店长版 App，点击"商品"模块，如图 9-51 所示。

（2）打开"商品"界面，选择出售中的商品，点击商品下面的"分享"按钮，如图 9-52 所示。

图 9-51　点击"商品"模块

图 9-52　点击"分享"按钮

（3）点击下方的"二维码海报"，如图 9-53 所示，即可生成对应的商品二维码海报，点击下方的"去分享"按钮，如图 9-54 所示。

图 9-53　点击"二维码海报"

图 9-54　点击"去分享"按钮

（4）可以分享至微信好友、朋友圈、QQ 好友、新浪微博，甚至可以下载二维码海报，在这里选择"朋友圈"，如图 9-55 所示。

（5）点击界面右上角的"发表"按钮，如图 9-56 所示。

图 9-55　选择"朋友圈"

图 9-56　点击界面右上角的"发表"按钮

（6）查看朋友圈，即可看到分享的商品及二维码，如图 9-57 所示。

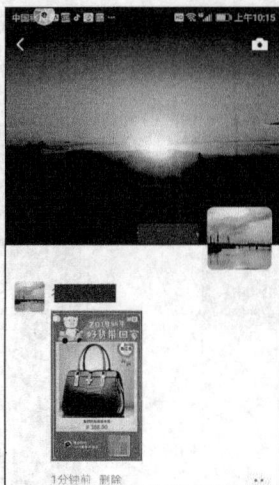

图 9-57　查看朋友圈

9.3　推广促销

微店想要做好、做大，首先需要推广自己的店铺，获得更大的市场。

▶▶▶ 9.3.1　使用限时折扣推广

商家通过手机号码即可开通自己的店铺，并通过一键分享到社交平台来推广自己的店铺并促成交易。

在微店中设置限时折扣的具体操作步骤如下。

（1）登录微店，点击"营销推广"模块，如图 9-58 所示。

图 9-58　点击"营销推广"模块

（2）进入"推广"界面，点击"限时折扣"按钮，如图9-59所示。

（3）打开"限时折扣"界面，点击底部的"⊕添加限时折扣"按钮，如图9-60所示。

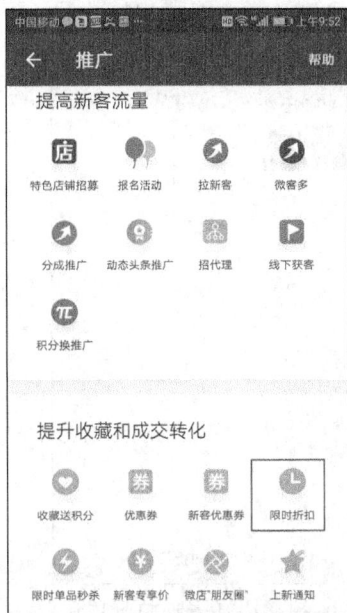

图9-59　点击"限时折扣"按钮

图9-60　点击"⊕添加限时折扣"按钮

（4）打开"添加限时折扣"界面，输入相应的内容，点击"⊕添加打折商品"按钮，如图9-61所示。

（5）打开"选择商品"界面，选择相应的商品，点击底部的"确定"按钮，如图9-62所示。

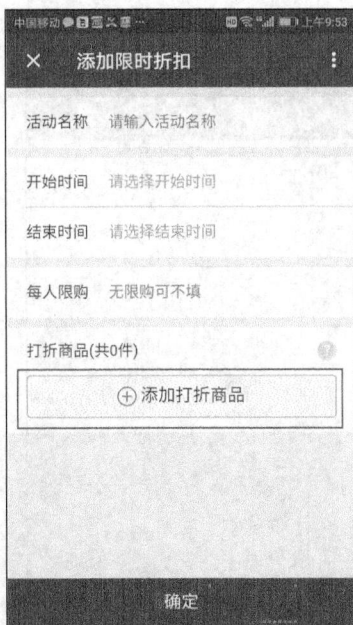

图9-61　"添加限时折扣"界面

图9-62　"选择商品"界面

（6）点击底部的"确定"按钮，如图9-63所示。

（7）成功添加限时折扣，如图9-64所示。

图9-63　点击"确定"按钮　　　　　　图9-64　成功添加限时折扣

▶▶▶ 9.3.2　使用优惠券推广

使用优惠券推广的具体操作步骤如下。

（1）登录微店店长版App，点击"商品"模块，打开"推广"界面，点击底部的"优惠券"，如图9-65所示。

（2）打开"优惠券"界面，点击底部的" ⊕添加优惠券"按钮，如图9-66所示。

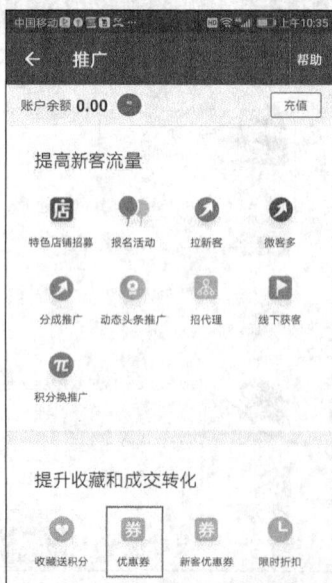

图9-65　点击"优惠券"　　　　　　图9-66　点击" ⊕添加优惠券"按钮

（3）打开"添加优惠券"界面，设置"券信息""有效期"，点击底部的"下一步"按钮，如图9-67所示。

（4）设置完毕，点击底部的"添加完成"按钮，如图9-68所示。

图 9-67　"添加优惠券"界面　　　　　图 9-68　点击"下一步"按钮

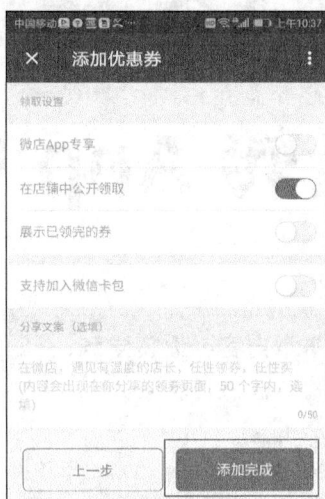

（5）弹出"优惠券创建后无法修改只可删除，确认提交？"对话框，点击"确定"按钮，如图9-69所示。

（6）优惠券即可设置成功，如图9-70所示。

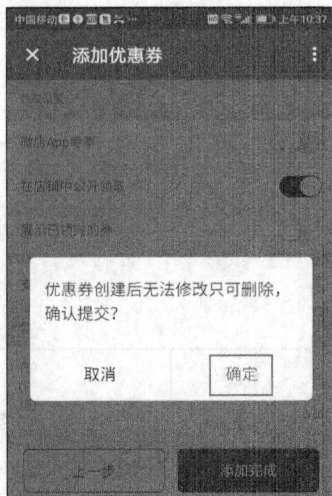

图 9-69　点击"确定"按钮　　　　　图 9-70　优惠券设置成功

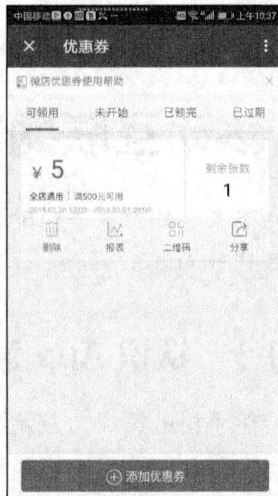

课后习题

1. 微店是如何注册的？需要设置哪些内容？
2. 简述微店商品发布与管理技巧。
3. 简述微店推广促销技巧。

第10章
玩转 App 电商

通过学习本章内容，你将学到：
- App 营销的概念及特点。
- App 运营内容。
- App 推广渠道。
- App 营销推广技巧。

随着智能手机的进一步普及，以及移动电子商务在互联网细分领域的爆发，移动电子商务会在短时间内会达到一个新的高度。如今电商类 App 是商家必备的渠道了，电商类 App 的作用是提供更好的服务，提升用户体验。电商类 App 改变了人们的生活，也改变了商家的营销方式。

10.1 移动互联网下的 App 营销

移动互联网的发展和智能手机的普及，让 App 在国内形成了"燎原"之势，几乎每个人的手机上都有几款 App。

10.1.1 认识 App 营销

App 是指智能手机的第三方应用程序，统称"移动应用"，也称"手机客户端"。因为它安装方便、操作简单，让用户摆脱了 PC 端上的烦琐操作，再加上 App 包含图片、文字、视频、音频等元素，娱乐性强，所以受到了广大智能手机用户的欢迎。App 营销是当今不可逆转的趋势，未来 App 有望成为企业品牌的标配。

App 能为你带来什么？

（1）精准的目标人群定位。

（2）便捷的销售服务体验，精确的营销参数统计。

（3）App 营销依靠用户自己下载 App 并与商家进行互动，更加容易达到传播效果。

（4）优惠券、会员卡电子卡、微博分享、微信互动、一键拨号、路径指引均可实现。

（5）丰富的产品展现形式，全面展示产品信息，刺激用户的购买欲望。

（6）实时交流和反馈，随时服务，网上订购。

图 10-1 所示为手机淘宝借助 App 的超高人气，推出各项优惠活动，不仅可以维护好老用户，还能让很多新用户在使用 App 的过程中不断增加对产品的了解，进而完成新用户向老用户的转变。

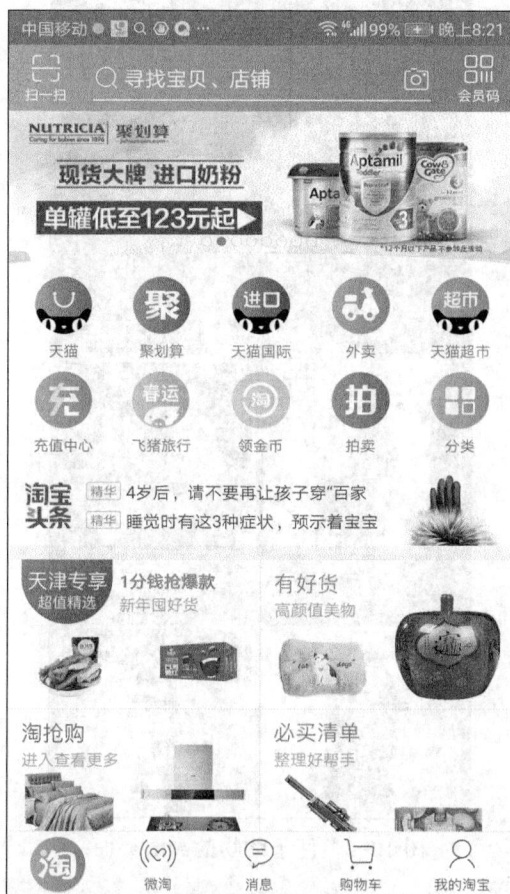

图 10-1　手机淘宝 App 界面

▶▶▶ 10.1.2　App 营销的特点

1. 便捷

随着电商的火爆，各大电商平台都主推移动端购物，商家大都看中了 App 营销的便捷性。用户只需下载各大商家的 App，就可以浏览商品，随时下单购买。商家通过与用户交流，及时了解用户的需求，有针对性地调整营销策略。图 10-2 所示为便于购物的 App 界面。

2. 精准

App 营销可以根据用户的使用习惯详细掌握用户资料，精准投放广告，让广告效果最大化。

图 10-2　便于购物的 App 界面

　　拥有智能手机的人，一定都有自己喜欢的 App。而当一群人因为相同的爱好喜欢上同一款 App 时，这群人的需求就产生了巨大的营销价值。这是因为 App 广告可实现基于终端、时空、行为、兴趣四维定向的精准投放，使商家可随时随地获取所需要的信息。

　　精准营销是今日头条迅速成为移动互联新贵的重要原因之一，今日头条允许用户通过 QQ、微信、微博等社交账号登录今日头条，其目的是通过获取用户的基本资料，如年龄、性别、职业等，以及社交行为来分析用户的行为习惯、爱好、兴趣等。App 凭借直观的用户界面、丰富多彩的内容，备受用户好评，自然也深得广告主青睐。例如，天猫在今日头条上发布的"天猫年货节，爆款年货，买就送红包"广告就赢得了目标用户的高度关注，如图 10-3 所示。

　　该广告的形式很简单。用户打开今日头条 App 时自动播放，不点击广告页面便一秒跳过，点击广告页面则直接跳转到天猫网站。对有相关需求的用户而言，这正是其感兴趣的内容；对没有需求的用户来说，这则短小的广告也没有影响其浏览新闻。

图 10-3　天猫在今日头条上发布的广告

3. 个性化

个体需求差异的个性化促使 App 设计的个性化，从而抓住用户需求的细节差异。App 集个性化设计、多样化产品展示方式、丰富的娱乐互动功能于一体，是开展个性化营销的不二选择。满足用户的个性化需求，已经是 App 能否从众多同质应用中脱颖而出的重要因素。

10.2　App 运营

一款成功的 App，开发只是第一步，比开发更难的是后续的运营和推广。从 App 运营体系层面来说，主要包括内容运营、活动运营、用户运营和渠道运营。

▶▶▶ 10.2.1　内容运营

内容运营是指通过创造、编辑、组织 App 内容，从而提高产品的内容价值。好的内容能够提升产品的价值，提升用户的黏性，并且能够活跃用户。高质量的内容能够对运营的效果产生巨大的影响。

图 10-4 所示为特来电 App 内容。特来电 App 是一款专业电动汽车充电服务平台，车主可以快速地查询到附近的充电桩并进行路线导航。另外，特来电 App 还包含了启动充电、结束充电、充值、查看账户信息和充电信息等功能，内容非常丰富和实用。

做好 App 内容运营，需要做到以下几步。

（1）内容框架搭建：在 App 上线之前就应该对 App 进行内容填充。

（2）持续地推送内容：建立持续推送机制，了解推送的内容是否受用户喜欢，是否对用户有帮助。

图 10-4 特来电 App 内容

▶▶▶ 10.2.2 活动运营

App 的活动运营，更多是针对用户的促销活动，是为了活跃用户、增加用户的停留时间。在 App 中进行活动投放是很常见的，常见的投放方式有 App 启动页、Banner 图等。活动投放的时候一定要在明显的位置展示活动。图 10-5 所示为在 App 首页顶部做的"免费领！188 元新人红包"活动运营。

图 10-5 活动运营

当用户打开 App 之后，首先显示启动页广告图，进入 App 首页后，Banner 图通过好的文案去吸引用户。

很多人在进行 App 活动推广时做了大量的工作，但为什么最后流量却还是损失很多？最大的原因是没有做到精准化活动推送。例如，本次活动针对的是女性用户，那么如果采取撒网式的推送，对于男性用户来说就会感觉内容与其无关，也许就会对 App 产生不好的印象，比较直接的结果就是直接卸载 App。因此活动运营做到精准活动触发是非常重要的。

▶▶▶ 10.2.3 用户运营

App 用户运营主要就是通过用户拉新、留存、转化（营收）等用户数据指标，并依托用户需求，制订各种运营策略去提高用户数据指标。用户运营最终目的是提高用户留存率，实现用户变现营收。

App 开发签到功能，主要目的是提高用户的黏性。当用户签到完毕，一般会得到相对应的奖励。例如，每签到一天，可获取的金额为 1 元，连续签到 10 天，可获取相应的金额，但是只要有一天漏签，之前签到的记录就会清零。签到功能的使用，提高了 App 的打开率，用户打开了 App，看到了心仪的优惠活动，也就会自然而然地下单。图 10-6 所示为用户签到界面。

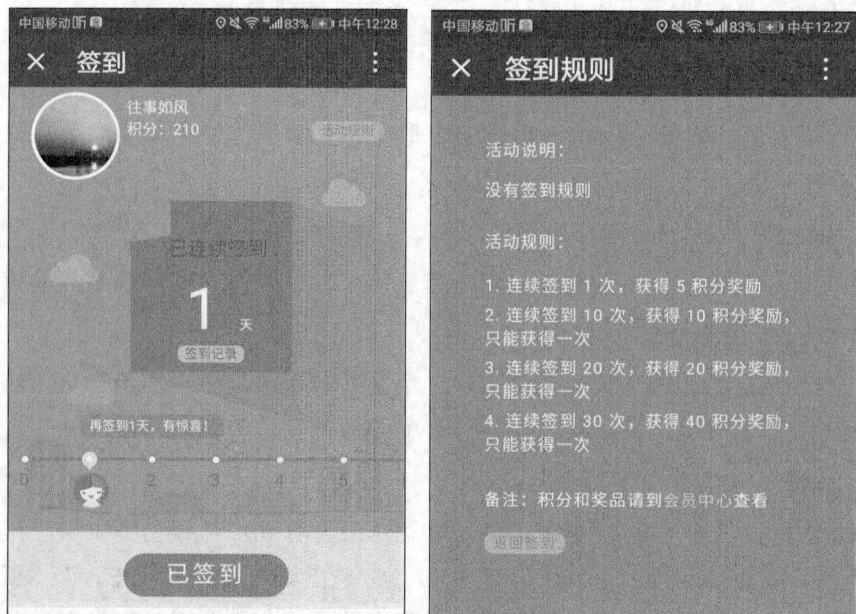

图 10-6 用户签到界面

▶▶▶ 10.2.4 渠道运营

渠道运营是指商家通过一切可以利用的资源和流量为产品带来更大的曝光机会，通过渠道推广 App，达到品牌曝光，获取流量和资源的效果。运营人员可以通过不同的渠道运营手段带来更多的 App 下载量，比较常用的渠道有免费、付费、换量、人脉积攒、产品的吸引力、圈内人的推荐、策划活动、内容营销、用户口碑等。

如果想要更好地进行 App 产品推广，就需要了解每一类 App 推广渠道的规则，清楚在什么时间进行推广是最好的。

10.3　App 推广渠道

推广是非常重要的事，好的推广是一个产品成功的关键。

▶▶▶ 10.3.1　线上推广渠道

常见的线上推广渠道有以下几种。

1．基础线上渠道

各大手机厂商市场、第三方应用商店、PC 下载站、手机 WAP 站、收录站、移动互联网应用推荐媒体等渠道。

（1）安卓 App Store 渠道：百度、腾讯、360、阿里系、华为、小米、联想、酷派、OPPO、vivo、Google Play，豌豆荚、安智、PP 助手、刷机助手、手机管家等。

（2）运营商渠道：MM 社区、沃商店、天翼空间、华为智汇云、腾讯应用中心等。

（3）PC 端：百度应用、手机助手、软件管家等。

（4）Web 下载站：天空、华军、非凡等。

（5）iOS 版本发布渠道：App Store、101 助手、同步推、快用苹果助手、限时免费大全、爱思助手等。

2．运营商

中国移动、中国电信、中国联通的用户基数较大，可以将 App 预装到运营商商店。

3．第三方应用商店

第三方应用商店成为很多 App 流量入口，全国有数百家第三方应用商店。商家在资金充足的情况下，可以在第三方应用商店投放一些广告位及推荐等。

4．积分墙

"积分墙"是除"广告条""插屏广告"外，第三方移动广告平台提供给应用开发者的另一种新型移动广告盈利模式。"积分墙"的"墙"是指集中展示的广告，而"积分"就是用户通过点击广告得到一定的积分，然后在应用中消费这些积分。而开发者也通过用户对广告的点击，从广告商处得到广告费。

5．互联网开放平台

将 App 提交到互联网开放平台，如腾讯开放平台、360 开放平台、百度开放平台等。图 10-7 所示为百度开放平台推广。

图 10-7　百度开放平台

6. 刷榜

大部分苹果手机用户都会通过 App Store 去下载 App。如果 App 排在前几名的位置，就可以快速获得用户的关注，同时获得较高的真实下载量。图 10-8 所示为 App Store 排行榜。

图 10-8　App Store 排行榜

7. 广告平台

网络广告对增加流量、提高知名度很有效，但成本较高。在互联网平台投放广告需要投入大量资金，尤其是那些知名的互联网平台和流量超大的门户网站。

▶▶▶ 10.3.2 线下推广渠道

常见的线下推广渠道有以下几种。

1. 手机厂商预装

怎么样才能让自己的 App 成为手机的原始配套应用？那就是自己付款给手机厂商，或者运营商。虽然这笔费用很高，但这种预装手段对 App 推广来说却是极其管用的方式。这就需要和手机厂商合作，在手机生产出来的时候就预装自己的 App。这种方式的用户转化率高，是较为直接的发展用户的一种方式。

操作难点：品牌众多，人员层级多，产品项目多，需要有专业的团队进行有针对性地推荐与维护关系。

2. 行货店面

通过这种推广渠道得到的用户质量高、黏性强，用户付费转化率高。操作难点在于店面多，店员培训复杂，需要完善的考核及奖励机制。

3. 线下媒体

线下媒体推广，如灯箱、LED 屏幕等推广方式。

4. 线下店面

线下店面推广，如在麦当劳和肯德基，下载 App 送一杯饮料等推广方式。

5. 展会

展会推广，如在展会现场，下载 App 送小礼品的推广方式。

6. 地推

地推人员每天在目标用户群集中的地方开展下载 App 送礼品活动。这种推广形式非常精准，图 10-9 所示为 App 地面推广。

图 10-9　App 地面推广

10.4 App 营销推广技巧

App 推广指通过流量分发形式来获取更多的用户。简单地说，就是对 App 进行推广以获取用户。

10.4.1 分析各类 App 用户

在 App 运营和推广之初，要学会针对该 App 的市场对用户进行一定的细分，这也是 App 运营推广中的重要技巧之一。

1. 种子用户

种子用户要尽量选择影响力高的、活跃度高的用户作为 App 的使用者。种子用户的质量比数量更重要。

种子用户能够反馈 App 的使用建议，优秀的种子用户不仅会经常使用 App，还会活跃于 App 社区，带动其他用户讨论和互动，能够为 App 开发者提供意见和建议。

2. 普通用户

在进行 App 运营推广时，需要清楚地知道普通用户是活跃用户的来源，通过对 App 的运营，促使普通用户转化成活跃用户。

3. 活跃用户

活跃用户是 App 的高频使用用户，而且对 App 的忠诚度高。活跃用户是内容消费的主要参与者，活跃用户通过与其他用户的互动，使其他用户也更加活跃。在 App 运营过程中，可以策划线上活动，以实物奖励为辅助，吸引活跃用户参与活动。

4. 名人用户

名人用户顾名思义就是为大众所周知的明星、名人。在 App 刚上线或者准备上线时，名人的名气可以为 App 带来大量的用户。而且，名人的入驻可以突显一个平台的价值。

10.4.2 常见 App 免费推广平台

并不是所有的 App 公司在前期创业过程中都有足够的资本。那么对于小公司，如何通过免费的资源推广 App 呢？下面介绍几种常见 App 免费推广平台。

1. 华为应用市场

华为应用市场依托华为手机优质用户群体，为用户提供精品、安全可信赖的下载服务，是基于 Android 系统的免费资源共享平台，依托华为全球化技术服务平台和实力雄厚的开发者群体，用户可以在华为应用市场上搜索、下载、管理、分享贴心的 App，如图 10-10 所示。

华为应用市场为广大合作者提供了便捷、优质的应用接入平台，通过在华为应用市场推广投放可快速提升 App 的曝光次数，帮助商家优秀的 App 应用被更多的用户发现和使用。

图 10-10　华为应用市场

2．小米应用商店

小米应用商店为小米手机用户和其他安卓手机用户提供了下载 App 的平台。图 10-11 所示为小米应用商店。

图 10-11　小米应用商店

3．360 移动开放平台

作为国内比较大的安卓移动应用分发平台，360 移动开放平台为开发者提供了海量免费资源助力 App 的运营推广，包括申请首发、新品自荐等。新品自荐是为了鼓励广大安卓移动 App 开发者的创新精神，让一些优质新品 App 也有崭露头角的机会而设立的一个绿色通道。开发者可以按照要求推荐自己开发的新品，经过全面的评估之后会根据产品质量给予相应的推荐资源，如图 10-12 所示。

图 10-12　360 移动开放平台新品自荐

"新品自荐"是基于 360 蒲公英创业扶持计划提出的，开发者的 App 只要符合《新品自荐规范》即可参与 360 移动开放平台的新品自荐推广，并根据品质级别获得相应的推荐资源，如蒲公英创业计划 PC 端专栏、蒲公英创业计划移动端专栏、360 手机助手移动端首页 banner 等，其中获得 360 手机助手定期更新的蒲公英专题全网推送的 App 将得到几亿手机助手用户的关注，下载表现优异者，还将获得专业科技媒体的报道，提高 App 知名度及下载量，并有机会获取投资。

▶▶▶ 10.4.3　把免费渠道的效果发挥到最大

在 App 的推广渠道中，有很多免费的渠道资源和新品推荐资源，如何把免费的渠道资源效果发挥到最大？

1. 产品不能匆匆上线

很多 App 产品开发者为了赶时间，选择了匆匆上线 App，会出现一些设计上的瑕疵、使用流程不符合用户习惯等问题，并导致 App 一开始运营推广就输在了起跑线上。在新版本的发布上一定要遵循问题一定要改、新功能不一定要立刻上传、梳理需求的优先度和重要性这三方面的要求。

在设计 App 产品的时候，出现异常往往不可避免，这时候就需要考虑各种可能出现的异常情况，并使用不同的交互方式去应对这些异常。

2. 上线后切勿急功近利地找大渠道进行推广

当 App 可以上线之时，切勿着急将 App 上传至各大助手、应用市场、商城以及下载站点，因为如果"急功近利"地去覆盖各大渠道，那么就会失去一次新品首发的机会，所以当你的 App 准备上线的时候，就必须先了解各大渠道新品首发的规则，收集新品首发的渠道数量。新品首发将会给 App 带来第一批"种子用户"，经过很多同行的证实，效果相当不错。

3. "新品自荐"必不可少

经历了新品首发，接下来就是覆盖各大渠道了，如百度手机助手、安卓市场、101 手机助手等，这些大的渠道是必须先覆盖的；还有部分下载站也是可以覆盖的渠道，如华军软件园、中关村、非凡等。

"新品自荐"是覆盖完毕渠道之后获得的重要渠道推荐资源，如魅族应用市场、华为应用市场等，都有新品自荐。通过"新品自荐"申请的 App，将在渠道新品板块的推荐位置展示，推荐的时长不一，最长的可以达到 7 天，如联想乐商店。

10.5 各类 App 运营实战

近几年随着移动互联网飞速发展，PC 端流量已经慢慢往移动端流量转移，App 已经成为人们生活中必不可少的组成部分，购物类、旅游类、美妆类、游戏类、社交类……这些 App 产品满足了人们生活中各项需求，让人们足不出户，便能知晓天下事。

▶▶▶ 10.5.1 教育类 App

随着"互联网+"时代的到来，出现了越来越多的教育类 App，如作业帮、沪江英语等。用户在学习过程中遇见不懂的问题，通过 App 可随时了解解决问题的方法。移动互联网时代，用户只需要打开手机里的教育类 App，即可快速获取自己想要获取的知识。

目前，教育类 App 可细分为语言类 App、学前教育 App、中小学教育 App，这些教育类 App 免费为用户提供服务。相关统计显示，超过 70%的用户在半年内使用过教育类 App，其中 85.5%的用户表示会继续使用。

一款好的教育类 App，会建立相对应的用户激励机制，帮助用户克服自身惰性。用户激励是指使用某一种或一整套方法去激励用户，那么有哪些常用的用户激励方法呢？

1. 虚拟头衔

虚拟头衔代表一种虚拟荣耀，可以被其他用户查看，给老用户或者积极的用户提供一定的虚拟头衔，用于彰显拥有该用户的独特地位和价值。虚拟头衔获得之后不会被取消或降级。

图 10-13 所示为乐词 App 以教育阶段的名称为虚拟头衔，在完成乐词 App 规定的任务之后，将会获得经验值，积累到一定的经验值之后，将会获得对应的虚拟头衔。

图标	头衔	等级	经验值
	幼儿园	Lv1-3	0-288
	小学生	Lv4-7	289-878
	初中生	Lv8-12	879-1888
	高中生	Lv13-17	1889-3321
	大学生	Lv18-23	3322-5853
	研究生	Lv24-30	5854-10517

经验值对应那些等级和头衔？

图 10-13　虚拟头衔

2．徽章激励

徽章激励是用户完成了某一任务后获得的奖励，有些徽章非常稀缺，能很大限度地推动用户完成规定的任务。

徽章激励还有另外一种玩法，即用户获取了一定的积分之后，可以利用积分兑换一个更高级别的徽章，在这种玩法的设计上，通常会有一到两个非常稀缺的徽章，用户为了兑换徽章，会花费大量的精力去完成任务，这在很大程度上激励了用户。图 10-14 所示为徽章激励。

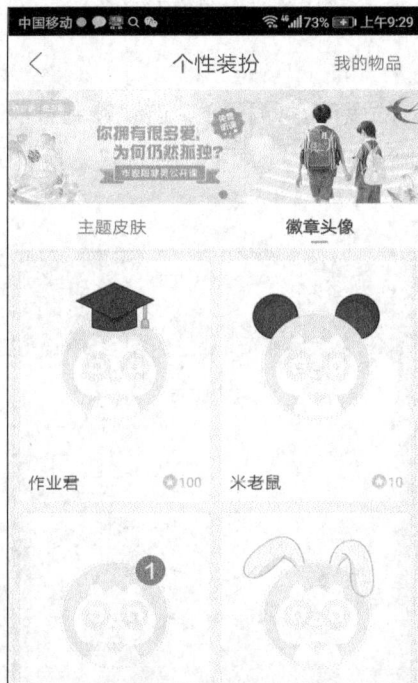

图 10-14　徽章激励

3．排名与竞争

基本上每个人都具备竞争意识，正是这个竞争意识，促使用户不厌其烦，一次又一次地完成任务。

用户可以通过教育类 App 匹配对手，通过答题的方式，与对手竞技。作业帮 App 为用户提供数据统计，用户可以直观地看出自己在竞技中的排名情况以及胜率，从而激励用户再次竞技，如图 10-15 所示。

图 10-15　排名与竞争

4. 签到送金币

通过每日签到，获得相应的金币，即积分。连续签到可获得与日期对应的金币，一旦中断，则重新统计。金币累计到一定数量，可以到商城兑换奖品。图 10-16 所示为签到送金币。

图 10-16　签到送金币

5. 优惠券

优惠券是一种营销方式，通过大力度的折扣和奖励，刺激顾客产生更多购买行为。优惠券本身就是一个流量入口，是商家吸引消费者的一种销售手段，也是十分受消费者所喜爱的。图 10-17 所示为优惠券。

图 10-17　优惠券

10.5.2　音频类 App

音频类 App 以满足用户的碎片化收听需求为核心，赢得了众多音频爱好者的追捧。随着移动电台行业的迅速发展，增加电台产品的内容价值成为电台行业的发展核心，以率先布局电台付费订阅模式的喜马拉雅为代表。喜马拉雅平台上的音频分类多而全，包括资讯、情感、娱乐、人文、科技、儿童、戏曲等。不论是对内容的风格上而言，还是对于不同受众用户的选择而言，喜马拉雅的初衷定位是走大平台方向。

喜马拉雅 App 不仅有全面的社交性，还集成了活动系统，整个体系和体验更为完整。图 10-18 所示为喜马拉雅 App 界面。

无论用户在哪个 App 开通个人电台，目的是通过让人喜欢的节目，从而进行引流。所以，在正式开通个人电台之前，必须做好以下几点。

1. 优势分析

用户在开通个人电台之前，必须明白自己的优势是什么。例如，喜欢唱歌，就在唱吧 App 分享自己唱的歌；喜欢读书、阅读或者分享专业的知识，就可以选择在荔枝电台 App 或者喜马拉雅 App 进行分享。

图 10-18　喜马拉雅 App 界面

2．以情打动人

没有人会喜欢听冗长、枯燥的产品简介，所以我们的音频节目应当生动、有趣，能够打动人。如果自己的推广的产品是护肤品，那么音频节目就可以定位于情感类，分享爱情故事和女性话题，这样很容易引起女性听众的兴趣。

3．语言要亲切

采用平易亲切、易听易懂的评论方式，更能体现一种日常交流的平等与平和。特别是节目采用二人或多人对谈的方式，有问答，有应和，也有彼此的探讨与补充，不仅使评论引人入胜，形式上也更加轻松活泼、流畅自然。

4．沟通互动

沟通是社交的基础。沟通越简单、范围越大，社交的维度就越多，未来空间就越广。在网络直播间，与用户之间的交流和活跃直播间的气氛才是提升人气的关键。

5．内容吸引人

以内容吸引人同样也能起到引流的目的。唱吧、全民 K 歌、荔枝电台等 App 都以用户的兴趣为导向，吸引具有同样兴趣的用户。

▶▶▶ 10.5.3　电商类 App

随着近年来智能手机的普及，电商平台移动端销售额占比逐年递增，各类电商类 App

如雨后春笋般出现。

移动电商中，如京东商城、淘宝、苏宁易购等通过促销优惠、积分奖励方式不断吸引消费者在移动端进行消费，同样的商品在移动端比在 PC 端的价格更加低。

如果商家还依赖于传统的网络营销模式，必然会被市场所淘汰，电商类 App 可以让消费者随时随地都可以买到自己想要的东西，所以对于消费者来说吸引力很大。

电商类 App 运营时注意以下几个问题。

1. 清晰的视觉效果

电商类 App 要有清晰的画面，最重要的就是产品图片的质量，App 整体的布局设计需要突出重点。图 10-19 所示为 App 清晰的画面和图片质量界面。

2. 清晰的产品分类

如果产品的种类很多，分类一定要清晰，这样消费者感觉才不会感觉杂乱，可以轻松地找到需要的产品。图 10-20 所示为 App 清晰的产品分类界面。

图 10-19　清晰的画面和图片质量界面

图 10-20　清晰的产品分类界面

3. 直观搜索

搜索对消费者来说很重要，如果电商 App 有很多导航分类或者很多产品，消费者可能更希望直接通过搜索找到自己想要的产品或分类。因此，直观的搜索对提升消费者体验很有帮助，图 10-21 所示为手机淘宝首页顶部的搜索界面。

4. 使用消费者敏感的促销方法

消费者对价格是比较敏感的，打折、低价销售等促销手段，常常吸引消费者去购买商品，天猫的"双 11"，更是被消费者戏称为"剁手节"，可见促销能提升消费者活跃度。图 10-22 所示为促销活动界面。

图 10-21　手机淘宝首页顶部的搜索界面

图 10-22　促销活动界面

5. 流程的支付

很多消费者放弃购买产品，是因为支付流程太过复杂和烦琐。一个好的电商类 App 设计，应该让消费者快速完成支付流程。

6. 设计鼓励消费者评价的内容

消费者评价可以有效提高消费者对平台的安全感和信任感，为此在开发电商类 App 的时候要设计一些能够鼓励消费者评价的内容。

课后习题

1．App 营销具有哪些特点？

2．简述 App 推广渠道。

3．简述 App 营销推广技巧。

4．列举常用的 App，并描述你是如何使用的？

第11章
O2O 移动电商

通过学习本章内容，你将学到：
- O2O 的概念和适合的行业。
- O2O 的营销模式。
- 二维码营销技巧。

在移动互联网时代，我们在进行各种活动前，往往会掏出智能手机，使用各种移动应用服务。打车时使用滴滴打车，看电影时使用美团团购电影票，吃饭时使用饿了么网上订餐。在移动端软硬件技术不断发展的现在，移动互联网与现实生活间的联系越来越紧密，连接线上与线下的 O2O 移动电商，更是对我们的工作与生活产生了深远的影响。

11.1　认识 O2O

O2O 电商模式的关键是在线寻找客户，然后将他们带到线下的实体店中，实现了线上引流线下购买。

11.1.1　O2O 的基本概念

线上线下（Online to Offline，O2O）经营模式是指将线下的商务机会与互联网结合预订等方式，把线下商店的消息推送给线上的互联网用户，从而将线上的互联网用户转换为自己的线下客户，这种营销模式特别适合必须到店消费的商品和服务，如珠宝、餐饮、健身、美容美发、摄影等。

近几年，网购大件商品开始呈现热门趋势。特别是今年，一些知名的家具企业纷纷开设线上平台，同时也有家具电商企业开设了线下体验馆，O2O 模式在家具行业大行其道。美乐乐家具网是比较典型的 O2O 网站。美乐乐家具网通过线上引流将用户流量转化至线下体验馆进行体验购物，进而完成 O2O 的生态闭环。

用户在美乐乐家具网看到了较为心仪的产品，到线下体验馆进行产品体验，目的性较为明确。尤其是家具这样的大件非标准化产品，用户更愿意亲手触摸到产品的质量后再决定是否下单。因此，O2O 模式的存在就格外重要。图 11-1 所示为美乐乐微信商城线上订购商品，图 11-2 所示为美乐乐体验馆自助导航。

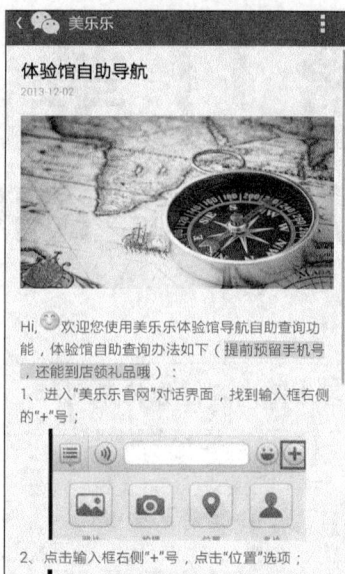

图 11-1　美乐乐微信商城线上订购商品　　　图 11-2　美乐乐体验馆自助导航

图 11-3 和图 11-4 所示为美乐乐线下体验馆。

图 11-3　美乐乐体验馆门面

图 11-4　美乐乐体验馆

▶▶▶ 11.1.2　适合 O2O 的行业

适合 O2O 的行业有哪些呢？

1．用户比较成熟

一个行业的用户是否成熟，这是进行营销的基础。这里的成熟是指用户在消费前会不会上网查询信息，这些信息又是否会影响他们的决策。

2．商家较成熟

一个行业的商家是否成熟，直接决定了线下推广的难度。做过 O2O 的人都知道，相比于获取用户，更难的是争取实体店的商家。用户通过流量导入就可以引进，而商家需要逐家去线下谈。

3．行业盈利空间大

只有盈利空间大的行业，利润才更大，需求才更旺盛。

4．行业规模够大

只有规模足够大的行业才有更多的发展空间。例如，对于外卖行业，吃饭是每个人的刚需，餐饮行业的市场足够大，才会出现美团外卖、百度外卖、饿了么等多家外卖 O2O 公司混战的情况。图 11-5 所示为百度外卖。

图 11-5　百度外卖

11.2　O2O 的营销模式

随着移动互联网的迅猛发展，O2O 营销模式已经当下较为流行的商务模式，O2O 营销模式其实就是将线下商务的机会与互联网结合在一起，用户可以通过线下体验，线上选购和支付的方式达成交易。

▶▶▶ 11.2.1　O2O营销模式的优势

O2O营销模式的优势在于：订单在线上产生，每笔交易可追踪，推广效果透明度高。让用户在线选择心仪的服务，线下享受服务。

O2O营销模式对用户而言有如下优势。

（1）获取更丰富、全面的商家及其服务的内容信息。

（2）更加便捷地向商家在线咨询并进行购买。

（3）获得相比线下直接消费较为便宜的价格。

O2O营销模式对商家而言有如下优势。

（1）能够获得更多的宣传、展示机会，吸引更多新用户到店消费。

（2）推广效果可查，每笔交易可跟踪。

（3）掌握用户数据，大大提升对老用户的维护与营销效果。

（4）通过与用户的沟通，更好地了解用户心理。

（5）通过在线有效预订等方式，合理安排经营，节约成本。

（6）对拉动新品、新店的消费更加快捷。

（7）降低线下实体对黄金地段旺铺的依赖，大大减少租金支出。

O2O营销模式对O2O平台本身而言有如下优势。

（1）与用户日常生活息息相关，并能给用户带来便捷、优惠的消费保障，能吸引大量高黏性用户。

（2）对商家有强大的推广作用及可衡量的推广效果，可吸引大量线下生活服务商家加入。

（3）巨大的广告收入空间及形成规模后更多的盈利模式。

▶▶▶ 11.2.2　O2O营销模式案例分析

珠宝有两种常见的销售模式，一种是传统实体门店销售模式，另一种是网络销售模式。传统实体门店货品直观、信誉有保证、售后方便是其较大的优势。但如今，物价上涨、房价飞涨，造成店铺租金年年大涨，员工工资的上涨造成人力成本也大幅上涨，使传统门店经营愈发困难。

与此同时，网络销售以其成本低、购物便捷的优势对实体门店销售产生了巨大的影响，但由于珠宝行业的特殊性——单价较高、产品价值较高，网络销售一直受阻。

金大福珠宝结合其自身优势，开发了"店商+电商"O2O营销模式。金大福O2O官网实现了"线上推广、线下体验，线下成交、线上付款"的双重模式，为用户打造了全新的消费体验及消费形式。

开发O2O营销模式，金大福珠宝有着其他品牌不可比拟的优势。

第一，金大福珠宝有着强大的信息技术人才资源。金大福珠宝自主研发 O2O 网站、微商城、企业资源计划（Enterprise Resource Planning，ERP）三网一通网络模式，其设计充分了结合金大福珠宝特色及当今市场需求，对金大福的品牌、产品、门店等进行全方面覆盖和推广。图 11-6 所示为金大福 O2O 官网，图 11-7 所示为金大福微商城。

图 11-6　金大福 O2O 官网

图 11-7　金大福微商城

第二，金大福珠宝在全国开设了 800 多家门店，庞大的店铺网络方便用户进行店铺选择。用户在网上预约成功之后，系统会自动识别用户所在地址，其订单采用就近分配原则，分配模式基于用户自主选择。用户所在地区由系统自动判断分配最近的门店进行快递配送，用户也可到店取货，并自主选择取货地点，如图 11-8 所示。

图 11-8　网上预约

第三，金大福珠宝拥有庞大的用户资源。金大福珠宝集团于 1997 年成立至今，积累了大量的用户，为金大福珠宝 O2O 营销打下了良好的客户基础。

11.3 二维码营销助力 O2O

二维码凭借其现代化、网络化的优势，为商家提供了一个低成本、快捷的入口，同时也将商家和消费者的距离拉得更近。

11.3.1 二维码基本定义及分类

二维码是用特定的几何图形按一定规律在平面（水平、垂直二维方向上）记录数据信息，看上去像一个由双色图形相间组成的方形迷宫。二维码信息容量大，比普通条码信息容量高几十倍。同时，二维码误码率不超过千万分之一，比普通条码低得多。另外，二维码编码范围广，可把图片、声音、文字、签字、指纹等可数字化的信息进行编码，并且二维码易制作，成本低，持久耐用。

与以往所有的营销手段相比，二维码营销像是拥有了一家便捷的"移动商铺"。户外广告有面积的限制，平面媒体有版面的约束，电视广告则有时间的限制，而二维码由于具有相当大的信息量则完全可以忽略这些制约因素，让用户在其感兴趣的时候，用手机扫描二维码来获取所有内容。二维码主要有以下两种。

1. 矩阵式二维码

矩阵式二维码（又称棋盘式二维码）是在一个矩形空间通过黑、白像素在矩阵中的不同分布进行编码。

在矩阵元素位置上，出现方点、圆点或其他形状点表示二进制"1"，不出现点表示二进制的"0"，点的排列组合确定了矩阵式二维码所代表的意义。矩阵式二维码是建立在计算机图像处理技术、组合编码原理等基础上的一种新型图形符号自动识读处理码制。

2. 行排式二维码

行排式二维码的编码原理是建立在一维码基础之上，按需要堆积成二行或多行。它在编码设计、校验原理、识读方式等方面继承了一维码的一些特点，识读设备与条码印刷与一维码技术兼容。但由于行数的增加，需要对行进行判定，其译码算法与软件也不完全同于一维码。

11.3.2 二维码在移动营销中的应用

移动电子商务最大的特点是用户的移动性，该特性不但促使移动电子商务的应用要满足用户在任何时间、任何地点开展任何业务的需求，同时还要满足商家在任何时间、任何地点发布商品的需求。二维码使这种需求成为可能。作为当下的热点，二维码可以作为移动电子商务发展的加速器。

二维码在移动营销中的作用表现在以下几个方面。

第一，提高接入电商网站的速度，提高用户信息采集的速度和精度。

第二，提供了线上与线下快捷低成本、快捷的入口。

第三，改变了现代消费者生活方式，提升企业效益。

第四，改变了电子商务格局。移动电子商务时代更重视线下到线上的转化，以及跨媒体融合的转化，将运营商、电商、各类商家与消费者的距离拉近。

第五，降低了移动电商企业营销的创新门槛，为电商企业提供新的营销方式。

第六，连接线上和线下，实现了市场价格透明化，强大的信息编码功能实现了移动电子商务无纸化。

▶▶▶ 11.3.3　二维码商业应用模式

二维码的商业应用模式主要包括以下几方面。

1.　网上购物，一扫即得

国内的二维码购物最早起源于一号店。目前国内一些大城市的地铁站里一般都有二维码商品墙。上面陈列着各种日用品精美图片，用户只要利用手机扫描商品的二维码，就能轻松完成购物，商品将由 1 号店以免费方式在约定时间送货上门，如图 11-9 所示。通过二维码购物，产品的二维码相当于产品的身份证，扫描后调出的产品信息真实有效，保障了购物安全。未来，二维码加上 O2O，实体店将变成网购体验店。因此，实体店可能设在用户方便的地方，如公交站甚至居民区，而不是商业中心。

图 11-9　网上购物一扫即得

2.　扫码打折送现金

扫描二维码可享受消费打折、送红包等优惠活动，是目前业内应用比较广泛的方式。例如，商家通过短信方式将电子优惠券、电子票发送到用户手机上，用户进行消费时，只要扫描二维码，并通过商家的识读终端扫码、验证，就可以得到优惠。图 11-10 所示为扫码送现金。

图 11-10　扫码送现金

3. 二维码付款

微信和支付宝都可以使用二维码收款，所有支付宝或微信用户均可免费领取"向我付款"的二维码，用户只需移动端的扫码功能，扫描二维码，即可跳转至付款页面，付款成功后，收款人会收到短信及客户端消息通知。通过扫二维码可以快捷支付，避免了在银行排长队取现金，也避免了商家找零钱的麻烦。图 11-11 所示为二维码付款。

图 11-11　二维码付款

4. 资讯阅读实现延伸

过去报纸、电视以及其他媒体上的内容，限于媒体介质的特性，无法延伸阅读，但是二维码出现以后，颠覆了这种界限，实现了跨媒体阅读。例如，在报纸上某则新闻旁边放一个二维码，读者扫描后可以阅读更多的新闻信息，如采访录音、视频录像、图片等。户外广告、单页广告都可以加印二维码，感兴趣的用户只要用手机扫描二维码，即可快速了解更详细的内容，甚至与广告主互动。图 11-12 所示为资讯阅读。

图 11-12　资讯阅读

5.　二维码电子票务

二维码电子票务涉及火车票、景点门票、展会门票、演出门票、飞机票、电影票等，这些都可以通过二维码实现完全的电子化。例如，用户通过网络购票，完成网上支付，验票者只需通过设备识读二维码，即可快速验票，大大降低票务耗材和人工成本。

6.　商品二维码营销

用手机扫描产品包装上的二维码（见图 11-13），就能立即显示出该产品的信息详情链接，点击链接，可以看到该产品的原产地、生产年份等信息。消费者在选购时能够更加全面地了解产品的各项信息，可以更好地与品牌商互动，让购买变得简单有趣，还可以准确辨识产品的真伪。

图 11-13　商品用二维码营销

7.　二维码点餐

在二维码时代，用手机扫描一下餐饮店的二维码，能享受到更加个性化的服务，可以顺利地选择自己最爱的菜品，还可以获得优惠信息。图 11-14 所示为扫描二维码点餐。

图 11-14　扫描二维码点餐

8. 二维码挂号就医一条龙

对于患者而言，比较烦心的莫过于挂号。采用二维码挂号，患者可以通过移动端预约挂号，在预约时间前往医院直接取号，减少了排队挂号、候诊时间。二维码不仅解决了挂号的问题，而且将二维码结合到看病、支付等环节后，可以实现看病、付款、取药一条龙服务，让患者不再重复排队。目前，很多城市的大医院都已经采用了微信二维码挂号，医疗信息化水平大大提高，医院运转的效率也大大提高。

📍 课后习题 ···

1. 什么是 O2O？适合 O2O 的行业有哪些？
2. 简述 O2O 的营销模式。
3. 简述二维码营销技巧。